바늘의 언어

바늘의 언어

저 자 | 고 종 목
펴낸곳 | 글나무

서울특별시 중구 저동2가 78번지 비즈센터 905호
전화 | 02-2272-6006 팩스 : 02-2277-6685
등록 | 1988년 9월 9일(제9301-1988-095호)

2011년 4월 20일 초판 인쇄 · 발행

ISBN 978-89-91356-49-8 03810

값 10,000원

바늘의 언어

| 고종목 시집

글나무

시인의 말

시는 내게 있어서 늘 ? 표이고 늘 ! 느낌표이고 늘…… 말줄임표이다. 이 기호를 시로 풀어내리는 방법으로서 언어를 빌어다 표현해야 하는데 한정된 언어를 사용해야하는 고민이 뒤따른다. 그러다보니 먼저 언어가 무엇이며 언어가 어떻게 생성하는가를 알아야 언어를 바르게 쓸 수 있겠다는 생각에 이르게 된다.

한평생 바느질한 것이 시를 쓰는데 도움이 되었다. 바늘구멍이라는, 보이는 렌즈를 통해서 보이지 않는 사물성을 보게 되었다. 어느날 조각보를 바느질을 하고 있는 중에 아! 하고 새롭게 떠진 눈으로 보게 된 이 세상 모든 물상物象이 조각의 형태를 갖추고 있다는 사실을 알게 되었다. 꽃잎, 돌, 나뭇잎, 사람 얼굴, 해, 달, 별, 자연이 그렇고 사람이 살고 있는 집, 사용하는 모든 도구들, 입고 있는 옷이 그렇고 표현의 수단으로 사용하는 문자 도 □△○☆ 다각의 원형으로 이루어져 있었다. 이 네 가지 원형은 모양도 다르지만 조각 하나하나마다 색깔이 있고 명도의 차이가 다르고 색에 내재된 감정도 달랐다. 색깔뿐만 아니라 소리가 있고 그 소리에는 고저장단 · 완급의 리듬의 차이가 있었다.

이 모든 조각들을 가까이 눈 맞추기에서 사물을 보는 순간 직관적 인지의 언어를 찾아가는 작업이 시를 창작하는 문학적 공간으로 마지막까지도 긴장을 늦추지 말아야할 과제이다.

하나의 큰 조각을 해체하고 해체된 이질적인 조각들을 통합하는 반복적 체험을 통하여 새로운 화합을 이루어가는 것, 이것이 나의 시를 관통하고 있는 바탕이 된다 하겠다. 작으나마 ?표 !표 …표를 푸는 나만의 고리가 될 것이다.

제 1 부
여우비

구름 노블텍스 — 15
빨간모자 — 16
4D 판타지아 — 17
반신욕 — 19
컵에 대한 단상 — 21
관철동 피아노 거리 — 22
꿈길, 어디만큼 왔나 — 23
무지개를 튀긴다 — 24
여우비 — 25
노란 산책 — 27
이슬수를 놓는다 — 28
침선 — 29
카페 스칼렛에서 켜짐-꺼짐— 30
자음 멀티비전 — 31
이등병 계급장 — 32
샤갈의 그림 속으로 — 33
양말 구멍 사진기 — 35
소리 — 36

추락 — 37
라캉의 재미나실 — 38

제 2 부
삐딱한 신발 한 켤레

그림 걸기 · 1 — 41
그림 걸기 · 2 — 42
그림 걸기 · 3 — 43
그림 걸기 · 4 — 44
그림 걸기 · 5 — 45
그림 걸기 · 6 — 46
문 — 47
ㄱ과 ㅎ사이 — 48
겨울 조각 — 49
삽화가 있는 방 — 50
바다가 지나가는 골목 — 52
삐딱한 신발 한 켤레 — 53
연주 — 54
땡볕 한 장 — 56

수레 — 57
노랑꼬리새 — 58
길 위에서 — 59
어느 외출기 — 60
오늘은 개천절이다 — 61
서울뻐꾸기 — 62
딸꾹질하는 봄 — 63
물음표 하나 — 64

제 3 부
안개가 화이트칼라…

바늘 물음표 — 67
태풍, 마릴린먼로 — 68
깜박이는 사이 — 69
쑥부쟁이 꽃을 건너간다 — 70
꽃주머니— 71
분홍색 빛 주머니 — 72
꿈, 섬을 깁다 — 73
바람 휴게소 — 74

안개가 화이트칼라를 지운다— 75

지리산의 밤 — 76

포이동 판자촌 — 77

지렁이 — 78

바늘섬 — 79

네탓 내탓 — 80

파꽃 위에 — 81

신호등 — 82

바늘구멍 속의 소나기 — 83

꿈의 조각 — 84

A/S — 85

화요일&금요일 — 86

제 4 부
유리속에서

유리 속에서— 91

정선 아리랑 — 92

정선 아리랑 패러디 — 93

아라리 패러디 — 94

소금 — 96
나뭇잎 사이 — 97
평창 — 98
배낭 속에 날 구겨 넣고 — 99
커피 타임 —101
카페 바라보기 — 102
게놈지도 한 장— 103
풍장 — 104
지팡이 — 105
거제도 — 106
외줄타기 — 107
타래버선 아기달— 109
솔기 — 111
쌈지 — 112
칡꽃 울음 운다 — 113
새 식구 — 114
그냥 한 두름 — 115
바람개비 — 116

제 1 부

여우비

구름 노블텍스*

구름을 해체한다
폭 72인치 길이 108인치 크기로 자른
구름 노블텍스 한 장 재단대 위에다 펼친다
옷본을 구름 위에 놓고 각을 뜬다
싹둑싹둑 해체된 구름 노블텍스 위로 바늘이 걸어간다
▭각 ▷각 모양으로 불가사리 진달래 분홍 꽃잎 모양을
八자 뜨기 별 뜨기를 한다 풀로 붙이고 시치고 박고 햇살
한 가닥에 조각들을 죽-꿰어 뒤집는다 햇살다리미로 주름
살을 편다 황조롱이 눈알 같은 ◎ 단추를 단다
욱신거리는 구름옷 한 벌 툭툭 털고 일어선다
거울 앞에 입고 서서 앞 단추를 끼운다
망초꽃 피는 여름 길을
줄무늬, 별무늬, 체크무늬 구름이 걸어간다

* 6. 70년대 생산된 양복천의 이름

빨간모자

창릉 앞 남쪽 줄지어 서 있는 소나무 길
쭉 곧은 길 끝에 뻥 뚫린 곳을 내다보고 있다
빨간 점 하나가 점 점 확대 되면서
빨간모자가 걸어온다
모자에서 팔이 불쑥 나와 앞뒤로 휘젓는다
팔에서 다리가 불쑥 나와 걸어온다
점 점 다가와서 내 등 뒤로 사라진다
잠시 후 빨간모자 하얀모자가
등 뒤에서 나타나 내 앞을 걸어서 간다
키가 작아진다
다리가 없어지고 팔이 짧아지다가 없어지고
목이 뚝 잘려나가고,
두 개의 모자가 두 개의 점으로 멀어진다
30m쯤 앞에서 다람쥐 한 마리가
길 오른쪽에서 길 왼쪽으로 건너갔다가 되돌아서
길 오른쪽으로 건너간다
내 시선이 확- 흐트러진다

4D 판타지아

4D 입체 안경을 쓴다
나팔꽃바퀴자전거 빌딩 벽을 타고 올라간다
안전벨트로 묶은 내 몸
노란머플러 휘날리며 붉은색 나팔꽃자전거
한강의 수상스키 뒤를 바짝 따라 붙는다
하얀 물보라를 뚫고 치솟아 한강다리 위를 달리는
자동차 사이에 끼어들어 질주한다
빌딩 사이 S라인을 누비다가 벽을 타고 날아오른 나,
가슴이 뻥- 뚫리고 머리가 시원하다
펑- 펑- 서울의 밤하늘을 수놓는 폭죽 꽃불 속을 통과
남산타워 인수봉 관악산 연주사를 U턴
뉴욕의 자유의 여신상 입술을 훔치고 파리의 에펠탑을 U턴
아프리카의 킬리만자로 만년설로 목을 축이고
에베레스트의 하얀 지붕 위에 조각보기를 꽂아놓고
만리장성을 돌아 나와 서울 올림픽경기장
2009년 10월 13일 나팔꽃하늘자전거 체험 4분 여행
조명이 켜지고 안전벨트를 푼다
첫발을 지구에 내딛는 순간

어찔 내 몸의 중심이 기우뚱한다
아랫배 방광이 팽팽 오줌이 마렵다
동그라미 자전거가 굴러간다

반신욕

한쪽 발을 먼저 슬그머니 담근다
따끈따끈하다
욕조 안에 나를 눕히고 눈을 감는다

몸이 수면으로 천천히 떠오른다
수면 위로 둥둥 떠오른 몸 가볍다
깃털처럼 가벼워지는 몸
둥-둥 계속 떠오른다
눈을 천천히 뜬다
욕조 천정에서 나를 닮은 그가
젖은 속눈썹을 깜박깜박 나를 내려다본다
욕조 밖으로 걸어 나온다

흘끗, 본 벽면의 거울 속으로
알몸의 그가 쌍방울을 덜렁거리며 걸어 들어간다
분홍빛 알몸에서 분홍빛 물방울이 뚝뚝 떨어진다
흘끗, 거울 밖의 알몸을 훔쳐보던
그가 거울 밖으로 나온다

내가 없다
욕조 천정 거울 속 어디에도,

컵에 대한 단상

『다탁 위에 놓인 아홉 개의 찻잔』
하얀 얼굴의 입술 아홉
셋이, 둘이, 둘, 둘이 몰려 떠다닌다
탁자와 탁자 사이
의자와 의자 사이
입술이 모였다 헤쳤다 모였다
탱탱 곡선이 떠다닌다
탱탱 투명한 소리
입술과 입술이 부딪친다
루즈 02호 코탈 오렌지
루즈 05호 루시드 펄로즈
루즈 06호 카페 브라운
루즈 08호 크리스탈 바이올렛
루즈 09호 트랜디와인
루즈 13호 펑키 브라운
루즈 M1 투르 레드
루즈 M15 클리오핑크
루즈 G22 글로시체리
그녀의 입술 온도 100도

관철동 피아노거리

청계천 버들다리 위에
작업복차림의 전태일 동상
공방의 축 처진 내 어깨와 닮았다
관철동 피아노거리에서
청계천 즉흥환상곡 미싱소리
스물 두 개의 피아노음계를 깨금발로 뛴다
오선지의 음표들 머리꼬리 흔들며
두물다리 아래를 도, 미, 솔
지느러미를 단 파란 노란 분홍빛 별전구들
도, 시, 라, 솔, 파, 미, 레, 도
징검다리 건너뛴다
동대문패션상가 새벽시장 앞
새벽다리를 스타카토로 뛰어가는
사람들의 발자국소리
전태일과 나 가위손 박자를 맞추고 있다

꿈길, 어디만큼 왔나?

어디만큼 왔나? 엉덩이에 푸른 몽고반점이 찍힌 홀딱 벗은 키 작은 내가 구멍 속으로 걸어 들어간다. 구멍속의 자욱한 안개를 뚫고 가는 알몸의 꿈부멜라*순례행렬, 살타는 연기에 내 몸이 발작을 일으킨다. 콜록콜록, 어디만큼 왔나? 낮엔 해를 따라 서쪽으로 밤엔 별을 따라 동쪽으로 가다가 2000년 전 예수를 만나 손바닥의 못 자국 만져보고 보리수 아래에서 수행하는 싯다르타의 그림자 만나 손을 잡고 흔들다가 구름계곡 아찔아찔 건너 딛고 히말라야 설산에 찍혀있는 예띠**의 발자국 옆에 내 맨발의 발자국 찍는다. 어디만큼 왔나? 사막 위에다 낙타 발자국 찍어놓은 순례길, 눈물콧물, 똥오줌의 온기 묻어 있는 구멍을 모래바람이 징검징검 건・너・간・다 구멍 밖의 낮술 한잔 걸치고 인사동 골목을 어슬렁거리는 나,

* 꿈부멜라 : 인도의 종교 의식. 모든 사람이 알몸으로 참여한다
* * 예띠 : 히말라야 산록에 살고 있는 전설적인 설인

무지개를 튀긴다

여름날 아침 구름 위에 올려놓은 밥, 미역국, 김치, 고등어구이, 사과를 먹는다 살짝 비를 뿌려서 먹는다. 빨주노초파남보, 언어를 튀긴다 무지개를 먹는다 도끼, 낫, 톱, 못, 거울을 씹지 않고 통째로 먹는다 국어사전은 자음 모음 해체해서 먹고 컴퓨터는 분해해서 마늘소스, 고추장, 된장소스 듬뿍 쳐 바른다 지지고 볶고 끓이고 절이고 졸이고 삶아 먹고 먹고 먹는다

화장실 거울 앞에서 양치질을 한다
가글가글 색종이를 하수구로 흘려보낸다

여우비

굴참나무 밑에서 여우가 지나가길 기다린다
6월 한낮의 하늘을 내가 사각으로 뜬다
사각에 갇혀 있는 구름여우 한 마리,
소나무 떡갈나무 팥배나무 매지구름* 사이에서
우雨-우雨-우雨- 은유로 운다
쏟아지는 빗방울 다 여우 떼가 되어
서오릉의 서어나무 산책길
5-③-1 7-⑤-3 9-⑦-5 11-⑨-7 코스 지나간다
꼬리 아홉 달린 구미호
하얀 꼬리 백여우 붉은 털의 긴 꼬리 여우
내 혀끝에 달린 은유의 말 말꼬리
꼬리에 꼬리 물고 지나간다
나는 풀잎을 따 입에 물고 우雨-우雨-우雨-
풀피리를 불어서 여우 떼를 능선 너머로 끌고 간다
한바탕 여우 떼 지나간 산길
빗물이 뚝뚝 떨어지는
뻐꾹- 뻐꾹소리 배낭 속에 쟁여 넣고
젖은 갈잎 젖은 계단을 내려선다

여우가 솔숲을 지나간다

* 매지구름 : 비를 몰고 오는 먹구름 조각

노란 산책

쌓인 낙엽을 밟고 가는 오솔길
지난밤에 돌리던 미싱 소리가 와서 바스락거린다
노루발이 한 땀 한 땀 낙엽 밟는 소리……
지난밤을 꼬박 밝히도록
징- 징 울어대는 노란 기침소리
마른 나무 꼬챙이로 기침소리를 헤집는다
(격전지였다는데… 6 · 25때 노란 연기 아른대는가)
노란 탄알 같은 상수리를 주워 주머니 속에 넣는다
갑자기 발밑에서 이는 바람
오솔길에 동그라미 동그라미 그리며
마지막 남은 단풍 조각들이
햇살을 털며 떨어진다
내가 멈춰 선 앞에
'멧돼지 출현 유의 사항 알림'
노란 사각의 현수막이 바스락거린다
지난밤 내가 커다랗게 바느질한
조각보를 서오릉에다 옮겨 펼친다

이슬수를 놓는다

투명한 햇빛 속을 걸어간다
오솔길 옆 떡갈나무 잎에
이마에 맺힌 땀방울처럼 이슬수를 놓는다
이슬방울 속 하얀 망초꽃 가리마길이 비친다
바로 내 앞에서 지팡이 짚은
기호 '5' 낭구*의 어깨 높이에서 흔들리는
망초꽃, 꽃인가 하고 보면 하얀 나비 떼가 날고
하얀 나비 떼인가 하고 다시 보면
어느새 망초꽃이 된 낭구의 나비걸음이 얼비치고
쪽진 머리 반듯한 어머니가 비치고
쪽 곧은 가리마길로
훤칠한 키에 짙은 눈썹 위 번들이마
두루마기자락 펄럭이며 아버지가 걸어오신다
아버지 얼굴에 내 얼굴이 환히 겹친다
풀잎을 스치는 푸른 바람결
내 몸이 톡- 터질 것만 같다
눈 깜박하는 사이
반짝 스러지는 이슬을 본다

* '5' 낭구 : 오남구 시인의 이름을 '낭구' 부르는 애칭

침선針線

밀짚모자 푹 눌러 쓴 노란망태버섯이
해를 등에 업고 황톳길을 기어간다
침선針線을 구불구불 따라 들어간다
울타리에 나팔꽃 필 때
바소쿠리 지고 나갔다가 돌아온다
시장기를 느끼는 배를 움켜쥐고
시침을 콕콕 쪼는 울음이 가볍다
무논배미에 빠진 노란망태버섯 달이
허리를 꼿꼿이 세운 지게작대기로
논두렁에 어른거리는 침선을 찍고 나온다
밭두렁에 달그림자 깔고 걸터앉아
담배 한 개비 입에 물고 있다
논두렁 밭두렁 침선이 타들어간다

카페 스칼렛에서 켜짐-꺼짐

카페 스칼렛 2층 통유리 창가에서 켜짐,
다탁 위에 이마를 맞댄 네 개의 유리잔이 놓여 있다
찰랑대는 체리차 속으로
내 눈동자가 빠진다
창으로 걸어 들어오는 길 건너 불 켠 간판들,
'바람난 금촌 돼지' 얼굴에 고추장 팩을 붙인 채
퐁당 빠져 누드 춤을 춘다
카페 스칼렛 유리컵 체리차 속으로
날개 달린 구름누드 하나 날아와
퐁덩 다이빙을 한다
붉은 지느러미들이 헉헉 허우적거린다
막 10시 9분 59초 초침이 바르르 떨고
카페 스칼렛 꺼짐,
티스푼으로 체리차를 젓는다
한 모금씩 내가 사라진다

자음 멀티비전

이마 위의 해가 수직으로 내려쬐는 한낮
15층 아파트옥상에서 주차장을 내려다본다
한글 자음 ㅁ, ㄷ의 선 안에
등이 봉긋한 빨간 딱정벌레가
수시로 색깔 바꾸어가며 멀티비전을 펼친다
디귿 안의 검은색이 빠지고 노란색으로 갈아든다
그 옆의 노란색 소방차전용주차선 안에서
타이탄트럭 두부장수가 방울소리 흔들면
사방의 시멘트 동굴 속에서 개미처럼 사람들이 기어 나와
검은 비닐봉지 속에 유기농 두부 한 모씩 받아들고
동굴 속으로 다시 기어들어간다
자음 미음 안에서 미끄러져 나온
빨간 베레모를 쓴 구름 한 조각
좌회전 코너에서
비상라이트를 깜박인다

이등병 계급장

8월, 장맛비 그친 날 창유리에 접착되어 있는 뭉게구름을 밀어제치고 내가 슬쩍 들어간다

햇빛에 구멍 뚫린 은골무 몽당가윗날이 반짝, 6·25 겨울 피난길에서 내 속눈썹 끝에 얼어붙은 고드름이 반짝

1970년대의 나팔바지 입은 내가 펄럭펄럭, 맘보바지 입은 또 하나의 내가 뚜벅뚜벅,

구름조각 속에서 성큼성큼 걸어나오는 이등병 계급장이 반짝 빛난다

샤갈의 그림 속으로

샤갈의 그림 속으로 내가 들어간다
쪼가리 모자를 쓴다
쪼가리 배낭을 멘다
쪼가리 바지 주머니에 손 찔러 넣고
서커스 공연장에서 바이올린 연주하는 샤갈을 만난다
초록색 파운데이션 짙게 바른 샤갈
정선 아리랑 아라리의 선율이 풀어 내리는
보랏빛 안개 속에서
내 앞섶에 꽂혀있는 바늘을 뽑아든다
손 내미는 달, 꽃, 수탉, 호수, 물고기, 인어공주에게
사인 사인 사인을 한다
공연장을 빠져나와 지붕 위로 올라가 내려다본다
샤갈의 마을은 비가 내리지 않는다
샤갈의 마을은 눈이 내리지 않는다
엉덩이 까고 용변을 보아도 냄새가 나지 않는다
에펠탑에서 지중해를 건너와
덕수궁 돌담길을 돌아나가는 샤갈
깊고 푸른 서울의 밤하늘에 정지해 있다

갑자기 뒤가 묵직해지는
나, 주위를 두리번거린다
그림 속에서 내가 나온다

양말 구멍 사진기

양말의 구멍 속으로 내가 걸어 들어간다
검정 양말의 검은 구멍 회색 양말의 회색 구멍,

막 자정을 넘어서 양말 구멍으로 들어가면, 두 발이 침대 위에 놓여 있고 두 개의 유방이 탱탱하고, 벽에 걸린 벽시계바늘의 시침 분침이 숫자판을 한 바퀴씩 돌 때마다 재깍재깍 짝을 짓는다

양말 속에 알전구를 넣고 구멍을 깁는 어머니가
얽어매고 찍어매고……
눈 내리는 새벽 30촉 불 밝히고
"얘야, 젖은 양말 신으면 동상 걸릴라."

양말 속에서 어머니의 꺼칠한 목소리가 들린다

소리

소리가 돌아간다

오르간표 미싱바늘 땀에 걸려 올라오는

앞소리를 뒷소리가 받아 넘긴다

실뿌리 뻗어가는 땅의 숨소리

노랑부리새가 하늘의 음계를 두드리는 소리

엄마와 눈 맞추는 아기의 심장 뛰는 소리

배치그리한 젖비린내에 살 오르는 소리

삼월, 바람타고 돌아오는 연분홍 메아리

매화꽃 탕-탕-탕- 터트린다

총소리가 그네를 탄다

인도의 간디가 물레를 돌린다

추락

손바닥에 입동 무렵의 볕을 받아들고 통나무 의자에 앉아 있는 나, 잎새 몇 개 집어서 허공에다 날린다 깃털이듯 하늘하늘 곡선을 그으며 추락한다 아침 이슬을 머금고 오르르 떨고 있는 잎새 하나 다시 내 손바닥에 올려놓고 본다 잎새 앞면이 교회 목사인 큰아버지의 손바닥처럼 맨질맨질, 잎새 등이 살얼음 깨고 맨손 빨래하시던 어머니 손등처럼 꺼칠꺼칠, 내 첫 월급의 노란봉투가 뚝뚝 떨어져 배를 깔고 엎드려있다. 심장을 서로 부둥켜안고 비벼댄다 낙엽에다 내가 입을 맞춘다

라캉의 재미나실

2008년 8월 11일 오후 3시
만해 마을 재미나실에서 이승훈 시인이 강단에 올라 마이크 앞에 앉아서 주제 발표를 하고 있다 라캉이 등장하고… 아주 재미나고… 아주 심각하고…

검은 나비 한 마리 적송 가지 사이에서 날아와 렌즈를 유리창에 바짝 대고 재미나실 안을 찰칵 접사하고 날아간다

검은 나비가 재미나실 안의 강의를 받아쓰고 있는 걸까?
빠른 몸놀림 왼쪽에서 오른쪽
오른쪽 왼쪽을 오락가락 행갈이 한다

둥근 테이블에 턱을 고이고 있는 나, 앞자리에 챙 넓은 모자 푹 눌러쓰고 졸고 있는 남자, 옆의 옆 테이블에서 손으로 입을 가리고 귓속말을 옆의 여자 귀에 쏘아댄다 여자가 하마처럼 입 벌리고 하품한다 하마가 입을 꽉 다문다

풍경에서 퇴장하는 검은나비 한 마리
유리창에 밑줄 긋고 간다.

제 2 부

삐딱한 신발 한 켤레

그림 걸기 · 1

잠자리표 가위 한 마리

한그루 나무 가지치기하며 날아간다
신들린 망나니 춤
목을 싹둑 어깨를 싹둑
팔다리 허리 거시기를 단숨에 싹둑싹둑
뚝뚝 떨어진다
ㅏ ㅑ ㅓ ㅕ ㅗ ㅛ ㅜ ㅠ ㅡ ㅣ,
해를 자르면 서쪽으로 붉은 꽃잎이 떨어진다
달을 자르면 꿈에 본 별이 뚝뚝 떨어진다
구름을 자르면 허공에 흩어지는 흰 나비 떼

선득, 뺨을 스치는 하얀 부호들 날아간다

그림 걸기 · 2

청량리역에서 무궁화호 기차가
三월을 끌고 간다
산모롱이 돌아앉은 강을 건너
강물에 빠진 구름을 건너
개나리 진달래 목련꽃을 건너 바람을 건너
강촌역에 내려
문배마을로 가는 숲고개를 오른다
안개가 숲을 훑고 오른 고개,
코끝 싸한 三월의 숲이 재채기한다
노랗게 무리지어 피어있는 괭이눈
내 발가락 닮은 까치발 들고 나를 쳐다본다
콧구멍이 간지럽다 귓구멍이 간지럽다
갈라터진 발뒤꿈치 하나
아파트 현관에 먼저 와
초롱초롱 눈뜨고 내미는 손
"어 또 만났네."
三월의 숲 버얼건 아랫도리
조각보 위에 찍힌 내 발바닥을 건다

그림 걸기 · 3

등 푸른 비늘 팔딱팔딱 튀는 바다
수평선 한 끝을 끌어당긴다
손톱을 세운 한쪽 팔을 주-욱 뻗어
밤하늘 한 귀퉁이 확 잡아당겨 찢는다
검은 벨벳에 싸인
머리. 어깨. 허리. 탱탱한 엉덩이. 손목. 발목
찢어지고 또 찢어져 펄럭인다
펄럭이는 내가 어둠 밖의 나를 잡고 펄럭인다
한 번씩 몸을 뒤척일 때마다
파도떼 몰려와 모래 위에 헛디딘 발자국
하얀 이빨로 물어뜯는다
바다를 회쳐먹고 불 위에 올려놓고 뜯어먹는다
먼 바다에 둥둥 떠 있는 집어등의 불빛,
찰칵 입력된다 찰칵
천만 개의 화소로 깨어난다
열려 있는 창으로 갯비린내 기어 들어온다
새벽 잠자리에
내 알몸의 한 끝 찰싹찰싹 핥고 있는
한 마리 푸른 바다

그림 걸기 · 4

주룩 미끄러진다
개나리꽃이 삼월 봄비 속으로
주룩― 영동고속도로 주룩― 고속버스
쪽빛 바다로 미끄러진다
노란 중앙차선 한가닥 죽― 잡아당기면
갈매기의 분홍 발자국
차창에 착 달라붙은 낮달의 반쪽 발자국
고향집 네 눈 배기 검둥개의 발자국
평창 터미널의 내 발자국이--- 주룩 주르륵
노오란 봄 속으로 미끄러진다
'한영양복점' 간판이 붙어있던 그 집 앞
그 거리에서 손에 가위를 들고
투명한 햇살 속에 서 있는 내 그림자 만난다
그림자의 손을 잡고 흔든다
"여보게 잘 있게."
어깨를 툭툭 치고
바늘 붓놀림이 주르륵 미끄러진다

그림 걸기 · 5

언덕 위의 너와집
구수한 된장 냄새 풍기는 뜨락
정선 엮음아라리
한 가락 질펀하게 깔린 앞마당에서
춤을 추는 산제비나비
노래하는 매미
고개 끄덕이는 강아지풀
시낭송하는 찌르레기
벽을 잡고 있던 나,
벽이 한 조각씩 무너진다
거미였을까?
나비였을까?
산제비나비 한 마리 떨어져
파르르 떨고 있다

그림 걸기 · 6

철새가 지나간 빈자리

공중에

낙관 하나 찍는다

문門

벽에 실금이 갔다
바늘이 실금을 따라가며 벽을 깁는다
왼쪽 벽에서 오른쪽 벽으로 얽어나간다
1m쯤 끝에서
ㄱ자로 꺾어 내려가며 얽어나간다
처음 시작한 곳에서
다시 아래로 내려가며 찍어매고 얽어나간다
ㄴ자로 꺾은 바늘땀—------
ㄴ과 ㄱ이 만나 귀를 맞춘다
사각의 틀 속에
내 이마에 큰 주름살을 촘촘히 세운다
내 눈가에 잔주름살을 촘촘히 가로지른다
세운 문살을 징검징검 딛고
가을 햇살이 건너간다
다 된 문에 시커먼 무쇠 문고리를 단다
삐 — 걱 문을 열고 내가 들어간다
어머니가 다수굿이 앉아 계신다

ㄱ과 ㅎ사이

내 조각보의
ㄱ 과 ㅎ 사이에서 꽃들이 탈출한다

초록이 ㄱㄴㄷ 으로 피어나고, ㄹㅁㅂㅅㅇㅈ 자음이
붉게 피어나고, ㅊㅋㅍㄷㅎ이 어깨를 기댄다
일곱 빛깔의 자음 한 다발로 묶는다
쪽빛 도투락 하나 가슴에 달고 눈을 깜빡인다

ㄱ에서 ㅎ사이
가윗날이 날아다닌다
비로소 가윗날에 꽃이 진다
자음에서 모음으로 내가 날아간다

겨울 조각

쇠기러기 『가위』가
달의 허리를 싹둑싹둑 자른다
가윗날에 잘려나가는
달빛의 겨울 조각
한 조각
두 조각
세 조각
넷 다섯 여섯 일곱 여덟 아홉 열 열하나 열셋 열다섯
조각조각 떨어지는
자음 모음
ㄱ ㄴ ㄷ ㄹ ㅁ ㅂ ㅅ ㅇ ㅈ ㅊ ㅋ ㅌ ㅍ ㅎ
ㅏ ㅑ ㅓ ㅕ ㅗ ㅛ ㅜ ㅠ ㅡ ㅣ
소리가 피어나고
세종대왕의 얼굴이 피어나는
달 조각에 얼비치는 내 푸른 눈물

삽화가 있는 방

사각의 모니터
삽화가 있는 방으로 내가 들어간다
도라지 꽃잎 다섯 개
작은 방마다 보랏빛 삽화가 피어난다

앞방 하나
여름날 소나기 삼형제가 짓밟고 지나간 발자국
청개구리의 울음이 보랏빛으로 피어난다
옆방 하나
아직도 검정 고무신 속에서
지느러미를 흔드는 은피라미 두 마리 피어난다
사랑방 하나
내 그리움 접어서 띄운 평창강의 하얀종이배
내 꿈이 날고 있는 노란 종이비행기 피어난다
윗방 하나
공부방 없는 초등학생인 내가
개다리소반 위에 공책을 펴놓고 잠든 얼굴에서
보랏빛 꿈, 침이 질-질 피어난다

아랫방 하나
아릿한 생도라지 뿌리를 씹고 있는 나,

다음, 야후, 네이버, 엠파스, 카페, 블로그
열리지도 닫히지도 않는
I D 없는 하얀 방이 뜬다

바다가 지나가는 골목

내 피난 시절 이팝꽃이 필 때 대구시 삼덕동 좁은 골목에 이른 아침마다 비릿한 바다가 지나갔다. 젊은 아지매가 함석다라에 남쪽 바다를 넘치게 머리에 이고 와서 "싱싱한 젓 사이소 맛있는 밥도둑 젓 사이소—오" 외치면 비릿한 내음이 마당 안으로 넘쳤다. 삐-걱 문을 밀고 안을 빠꼼이 들여다보며 "싱싱한 굴젓이나 조개젓 사이소 맛있는 젖 있니더 따끈따끈한 밥 한 그릇에 먹는 굴젓 조개젓이 밥 도둑놈이지예." 싱싱한 소리가 파도처럼 밀어왔다. 실한 엉덩이를 찰싹거리고 아지매가 좁은 골목을 지나가면 바다가 가슴에 가득 출렁출렁, 비릿한 아침 골목은 하늘이 파랗게 펼쳐지고 담장에 쌀밥처럼 이팝꽃이 피었다

* 이팝꽃 : 쌀밥꽃이라고도 하는데 춘궁기에 하얗게 고봉밥을 담은 것처럼 꽃이 핀다

삐딱한 신발 한 켤레

이선녀*는 그녀의 이름이다. 이름만큼 그녀의 슬리퍼는 예쁘게 닳지 않고 한결같이 안쪽에서 바깥쪽으로 삐딱하게 닳았다. 그녀가 삐딱하게 걷는 건지 슬리퍼가 그녀를 삐딱하게 끌고 가는 건지 그녀도 모른다. 분명한 것은 이미 바위틈에 철쭉꽃이 되어버린 그녀의 반편인 나무꾼이 타는 듯 붉은 꽃봉오리 다섯 송이를 품에 안겨 준 그날부터 슬리퍼의 중심이 한쪽으로 기울었다. 바로 걸어도 길은 그녀의 걸음걸이를 기우뚱거리게 했다. 선녀는 신발을 벗어 놓고서 나무꾼이 불가마 타고 간 길을 뒤뚱뒤뚱 따라갔다. 찰랑찰랑 부은 해후의 잔 앞에 두 자루의 촛불을 밝힌다. 선녀를 더는 따라가지 못하고 댓돌 위에 삐딱하게 닳은 신발 한 켤레 놓여 있다.

* 이선녀 : 어머니의 이름

연주

싱거미싱 바퀴에 피댓줄을 걸어 돌린다
태풍 갈매기의 눈을 건다
유리창을 두드리는 장대비
비에 젖는 개구리 울음 운다

SP레코드판을 축음기에 올려놓고 돌린다
비야 비야 오지마라
비가 오면 우리 집 빗물에 잠긴다
지렁이가 도르래에 실 감는 소리로 운다

점점 세게
여리게
점점 빠르게
느리게

울음의 음계를 딛고 먼 물길을 거슬러 올라온다
어머니 뱃속에서 듣던 물소리가 올라온다
어머니가 우물에서 두레박으로

새벽 물 길어올리는 소리 올라온다
산토끼가 귀를 쫑긋 세운다
물푸레나무 자작나무 이파리들 손뼉을 친다
풀잎들이 고개를 끄덕인다
곡자, 볼펜, 젓가락, 숟가락, 가위 지휘봉을 잡는다
우주를 연주 한다

땡볕 한 장

8월 한낮 미륵사입구 8차선 도로 달궈진 사거리횡단보도 앞에 선다 신호등이 빨간 눈을 켠다 질주하는 차량들이 내뿜는 매연, 아파트신축공사장의 소음소리 불화살이 되어 내 정수리 위로 내리꽂는다 찻길바닥에 키를 바짝 낮추고 누워 있는 전신주 그림자 속으로 내가 얼른 뛰어든다 시내버스, 덤프트럭, 빨간 관광버스가 달려가는 시선 끝, 내가 첫 울음 터뜨린 고향 칠백년 묵은 느티나무 그늘 속에 날개를 접는 순간, 깜박 파란 눈을 켜는 신호등, 나는 느티나무에서 나와 횡단보도를 건너간다 깜박깜박 ……

수레

'나' - 켜짐, 모니터에 평창읍 전경이 떠오른다. 수레 하나를 복사해 붙여넣기 한다. 31번 국도 위로 수레가 지나간다. 수레에 옛날의 구멍 뚫린 검정고무신 빡빡머리의 흑백 가족사진 한 장 붙여 넣고 쪼가리 모자에 쪼가리 옷 입은 나의 캐릭터도 붙여넣기 한다. 컴맹은 면해야 한다며 컴퓨터도 싣고 상표가 다 지워진 재봉틀, 돈도 안 되는 詩 몇 줄까지 폴더에 저장된 나를 끌고 간다. 내 몸에서 기생하는 잡동사니, 까맣게 지워지는 '나' - 꺼짐

노랑꼬리새

5월 새 잎의 방석을 편다 방석 위에 앉은 햇살처럼 금빛 날개를 펴는 한 마리 노랑꼬리새, 하늘로 날아오른다 북으로 간 누나 ! 휴전선 철조망에 내려앉는다 철조망 아래 푸른 능선의 DMZ, 숭숭 구멍 뚫린 녹슨 철모 하나 붉은 눈물을 풀잎에 떨군다 파르르 떨리는 붉은 눈물방울, 보랏빛 싸리 꽃 한 포기 앞에(차렷 나는 거수경례를 한다) 지뢰밭 속에서 초록 바늘머리 곤두세우고 차렷 자세로 꼿꼿이 서 있는 소나무 가지에다 햇살 한 가닥으로 노랑꼬리새 수를 놓는다

길 위에서

길 위에서, 보랏빛 오동꽃이 고개를 살랑살랑 흔든다 시누대 숲이 사각사각 흔든다 보랏빛 그늘 밑을 꿀벌이 붕붕거리다 날아간다 살랑살랑, 사각사각, 붕붕 도무지 알 수 없는 소리다 보랏빛 꽃무늬의 챙 넓은 모자를 쓰고 지나가는 딩크족도 늦둥이를 업은 중년의 여자도 손사래 친다

길 위에서, 또 한 여자가 간다 백 년 전 흰 머리 할머니가 등에 업혀 간다 하늘엔 낮달이 서쪽에서 동쪽으로 흘러가고, 눈이 내리지 않는, 비가 내려도 젖지 않는, 불길이 닿아도 타지 않는, 내 키만큼 큰 거울이 뒷걸음질치고 있다 내가 골마리를 풀어 헤치고 풀밭에 쪼그리고 앉는다

길 위에서, 끄으응 내가 툭- 떨어진다

지금 나는 어데 있지?

어느 外出記

꿈 밖으로 내가 외출을 한다

낯익은 방문 앞에 선다 자동문이 스르르 열린다 환한 창가엔 내가 돌리던 싱거미싱이 놓여 있다 미싱 서랍을 열어본다 손때 묻은 바늘쌈지, 실패, 송곳, 가위가 먼지 냄새를 확 풍긴다 단추를 달다 말고 빼어 놓은 골무가 긴 하품을 한다 전화기 옆에 전화번호 빼곡히 적힌 수첩, 읽다가 덮어 놓은 시집이 놓여있고 메모지 위에 빨간 모자 쓴 볼펜이 나를 흘끗 본다 벽에서 뻐꾸기가 나와 뻐꾹 뻐꾹 뻐꾹 부재중임을 알리고 다시 벽 속으로 들어간다 맞은편 벽에 걸린 금간 거울 속에서 싱긋 웃는 내 웃음이 쪼개진다 외출에서 돌아온 아내가 감자꽃전을 접시에 담아 저녁 식탁에 올려놓고 기도를 한다

아주 기-인 외출이었다

오늘은 개천절이다

바늘눈 구멍을 내 몸이 통과한다

쪽가위로 톡 자른 실 끝을 어리짐작 눈대중에 맞춘 바늘구멍에 들이민다 몇 번의 실패를 거듭하기도 한다 이제는 돋보기를 써도 구멍이 또렷이 보이지 않는다 실 끝에 침을 살짝 발라 다시 꼿꼿이 세우고 구멍 근처에다 어리짐작 비벼대면 참 신기하게도 쏘-옥 들어가는 그 느낌이 떨려온다 바늘밥 한 오십년 먹은 것이 헛먹은 게 아니야

오늘은 개천절이다
단번에 하늘로 들어간다 쏘—옥

서울뻐꾸기

서울의 밤거리 청량리역 근처
뻐꾸기노래방의 희미한 불빛 아래 마이크 잡은
서울뻐꾸기 목소리가 떨고 있다
뻐꾹- 평창 뻐꾸기 서울 서울 울고
뻐꾹- 앞집 순이는 골프장 초록융단 위에서 공을 줍고 있고
뻐꾹- 장가 못 간 뒷집 아제는 고랭지 감자밭가에서
　　감자꽃 가락지 끼고 있고
뻐꾹- 허리 굽은 두 노인만 남은 흑산도 오두막집엔
　　뻐꾸기 섬도우미 화, 목, 토일 휑하니 다녀가고
뻐꾹- 연변, 베트남, 인도, 몽골, 우즈베키스탄, 일본 뻐꾸기
뻐꾹- 산골짜기 골짜기마다 날아든다
목울대 뜨끈하게 치밀어 오르는 내 울음의 옥타브
한 발은 평창의 소금꽃 밭머리에 서 있고
한 손은 강냉이밭머리에 핀 엉겅퀴꽃을 더듬으며
목 터지게 뻐꾹 소리 토해낸다
뻐꾹 노래방, 뻐꾹 사이키조명, 뻐꾹 마이크 쪼아대는
서울 서울 서울뻐꾸기

딸꾹질하는 봄

몸속에 파고든 겨울바람 꾹-꾹 참다가 딸꾹 한다 연분홍 바람 훅-훅 토해내는 진달래, 돌담길 옆 노란 개나리 봇도랑 건너뛰다가 딸꾹, 실버들나무 아래에서 이른 잠 깨어난 애기똥풀꽃 노란엉덩이를 들썩 딸꾹, 입술을 달싹 딸꾹, 산수유꽃이 딸꾹, 북한산 계곡에 노란 봄을 토해낸다 봄이 오는 길목에 귀 기울이면 빼꾸기 짝짓는 소리 딸꾹, 한라산이 딸꾹 … DMZ가 딸꾹 … 청계천 가로등이 딸딸꾹… 을지로3가에 수 없이 찍어놓은 '낭구'*의 260밀리 발자국이 딸꾹…,

봄은 그렇게 오가나보다

* '낭구' : 오남구 시인의 별명

물음표 하나

3월 이마가 선득한 아침
북한산 탕춘대 능선길에 솔잎 사이로 떨어지는
햇살 알갱이 지팡이로 휘저으며 올라간다

산까치 한 마리 동행을 한다 나 한 계단 산까치 한 계단 올라간다 낙엽 한 장 계단을 굴러 떨어진다 구름이 계단 위에 놓인다 지팡이의 똑 똑 똑 낮은 음표 높은 음표를 까치들이 물고 날아간다

햇빛 쪽으로 비스듬히 휜 소나무에 등 기대고 섰다가 굽은 지팡이 하나 세워놓고 바윗돌에 걸터앉은 갈증 한 잔의 커피로 적시고 차오르는 날숨 내려놓고 흔들리는 내 그림자 올라간다

올라가는 가파른 내 길의 끝은 어디일까?
구름 물음표를 놓고 한 계단 한 계단 밟고 내려선다
마냥, 하늘은 파랗고 바위틈에 진달래가 붉다

제 3 부

안개가 화이트칼라…

바늘 물음표

지느러미를 단다, 한 마리 바늘
등허리를 꼬부린 물음표 낚시
왼쪽 오른쪽 지느러미를 저으며
청계천 새벽다리 지나 버들다리 지나
오간수교 아래에서 헤엄치는 버들치
꼬리를 세우고 오간수교 밑
수중무대 위로 튀어 오른다
어깨의 지느러미 날아갈 듯 펼치고
반짝거리는 비늘드레스자락 끌며
무지개빛 사이키조명을 받는다
파닥거리는 비늘 무지개가 물 위를 걷는다
평화시장 앞 버들다리 위의 전태일
(그는 봉제노동자로 1970년 11월 13일
청계천 평화시장 앞에서 분신자살을 하다)
훅 — 끼치는 버들치 비린내 먹살을 낚아챈다
음악이 꺼진다 분수 조명이 꺼진다
빌딩 위에 뜬 날카로운 '나이키' 상표
청계천 지느러미를 낚아 올린다

태풍, 마릴린먼로

태풍, 13호 마릴린먼로
그녀 무릎 위에서 이는 치맛바람이 북상한다
아메리카 대륙 콜로라도의 '돌아오지 않는 강'* 바람
태평양의 뜨거운 바람 몰고
제주도 앞바다를 지나간다
태풍, 마릴린먼로 영향권에 든 서오릉
초록, 노랑, 붉은 치마폭
홀딱홀딱 걷어 올린다
초록너울 꽃너울 일으키는 S라인 먼로바람
홍살문을 나와 담을 넘어
방향을 꺾어 들판으로 달려가
비닐하우스 지붕이란 지붕은 다 홀라당 벗긴다
하우스 안의 참외 수박이 빗물 눈물 훔치고
불끈불끈 주먹을 쥔다
쇠고기 바람 바람 바람
너울너울 촛불이 춤을 추는 밤
그녀가 건져올린 흑진주 귀고리
비린 바다 냄새 물씬 풍긴다

* 돌아오지 않는 강 : 미국 영화배우 마릴린몬로가 주연한 영화 제목

깜박이는 사이

개나리꽃비가 내린다
아침 출근길에 내 발뒤꿈치 따라오는 노란비
내가 젖고 지하철의 궤도가 젖는다
외순환선 젖은 궤도 위를 굴러가는 2호선
지하철 안 의자에 젖은 내가 앉아있는 거기,
한 남자가 목소리의 옥타브 높여
손전화기로 통화를 하고 있는 거기,
딩크족*이 다리를 꼬고 앉아
막 화장을 끝내고 내리는 종합운동장역
노선 표지판의 신호가 깜박이는 사이
전철 뒤 칸에서 손수레를 끌고 앞 칸으로 건너온
한 사내가 우산을 좍 펼쳤다 접어들고
전철 안 한끝에서 한끝을 오가며 우산을 판다
"개나리꽃을 팔지 못했습니다"
덜컹대는 사내가 젖은 목소리를 깜박이고 있다

* 딩크족 : 애 낳기 싫어하는 부부

쑥부쟁이 꽃을 건너간다

찰칵, 칩 속으로 입력되는 나
두 손가락을 V자로 펴고 웃는 내가 출력된다
키 작은, 깡마른, 주변머리만 남은 대머리의
내가 4.4Kg의 주머니 없는 삼베옷을 입고
넓은 소맷자락 너풀거리며
쑥부쟁이 꽃을 너풀너풀 날아서 건너간다
(윤달에 내 손으로 수의를 꿰매 놓았다)
강남목화웨딩홀 붉은 카펫 위에
어디선가 한 번쯤 본 듯 낯익은 얼굴이 서 있다
영동사거리길 모서리에 서 있는
검은색 쏘나타 백미러 속
낯선 얼굴들이 어깨를 스치며
횡단보도의 하얀 경계선을 건너간다
나 오늘
해달별바람구름새나비뱀풍선전철흰지팡이건너가는,

노을이 물든 쑥부쟁이 꽃을 성큼성큼 건너간다

꽃주머니

바지를 수리한다 내 나이 수, 칠십 네 개의 조각으로 지은 바지주머니, 실밥 터진 쥐구멍으로 짤랑 동전이, 짤랑 열쇠꾸러미가 새어나간다 앞 솔기, 뒷솔기, 옆 솔기, 가로 세로의 솔기 안쪽에 뿌연 먼지가 똘똘 뭉쳐 집을 짓고 나와 동거중인 꽃주머니 세탁기에다 넣고 돌리고 헹구고 탈탈 털어도 구석구석에 착 달라붙어 있는 살비듬들 손톱 송곳 끝으로 긁어낸다 내 옆구리 사타구니 허벅지 종아리에 붉은 두드러기 돋아난다 신경줄이 곤두선다 가려워서 빡빡 긁어 피를 보는 꽃주머니 쥐구멍을 막는다

분홍색 빛 주머니

북한산 족두리봉 바위벽에다
분홍색 빛 주머니를 건다

연지곤지 찍은 새색시 꽃가마 타고 올 때 입고 오는
연두저고리 다홍치마폭에 묻어서 왔을까?

분홍색 빛 주머니를 허리에 찬 봄이 주머니 끈을 푼다 분홍을 똑똑 뜯어 흩뿌리며 탕춘대 능선을 지나간다
눈보라를 빨갛게 언 발로 건너 와서 따뜻한 햇살이 꽃놀이하는 바위를 타고 지나간다
솔숲 사이로 오글오글 피어서 분홍꽃구름으로 동동 떠 지나간다 하얀 나비 검은 줄무늬나비가 동동 내 중심도 동동……

분홍초침이 재깍재깍 지나간다

꿈, 섬을 깁다

실비가 실絲실實실失 내린다

실바늘에 실비를 꿰어 든다 실안개 낀 실골목의 실눈 아지매 집 실국수 한 그릇 비운다 실버들 늘어진 삼거리 실제비쑥 돋는 실개천이 실비에 젖고 내 젖은 바지가랭이로 스민다

실구름 하나 잡고 실도랑 건너뛴다 실족한 고무신짝 찢어진 구멍을 꿰맨다 젖은 발에 걸려나온 실로 실뜨기한다 실톱에 동강동강 실 동강 난다 눈꺼풀이 떨린다 실비 그치고 실實뭉치에 피 구슬 맺힌다

실, 실, 실, 풀린다 자꾸만 가벼워지는 나,

바람휴게소

대관령 마루에 바람휴게소 하나 떠 있다.
진달래 철쭉꽃 분홍바람
훅- 들이마셨다가 후-웃 토해내는
바람휴게소
한치 뒷산 곤드래 딱쭈기 초록바람 지나가고
내 열여섯 무릎 사이 날리는 꽃가루
배치그리한 분홍 끼 지나가고
취나물 곰취 구석구석 더듬어서
꽃물결, 바늘 끝으로 콕콕 찍어
배동바지 보리밭 밀밭 길을 지나
지금 시속 60km로 지나간다
달리는 바람휴게소
연분홍바람 훅- 훅- 토해낸다

* 배치그리 : 덜 여문 풋옥수수의 비린 맛

안개가 화이트칼라를 지운다

지리산
1507m의 노고단을 오른다
앵초꽃 별꽃 층층나무를 딛고
돌계단을 딛고
안개를 딛고 오른다.
발아래
피아골 뱀사골
칼라를 세우고 우뚝 우뚝 솟은
천왕봉 반야봉 삼도봉 토끼봉 형제봉
봉. 봉. 봉 ● ● ●
안개가 화이트칼라를 싸 -악 지운다

지리산의 밤

반야봉 천왕봉 삼도봉 노고단 ……
그녀의 봉우리가 팔 백리를 뻗어 누워 있다
높은 봉우리만큼 골도 깊이 패여 있다
밤하늘을 정수리에 이고 있는
그녀의 둥근 어깨 위에 별 총총 내려앉는다
봉우리마다 골짜기마다
흰 옷의 애기 별꽃 총총 피어
그녀 얼굴 어둠 속에서도 환하다
밤마다 애기 별꽃 꿈 속으로 나를 불러낸다
나는 밤마다 나비가 되어
유성의 꼬리 잡고 골짜기를 헤맨다
이 골짜기에서 뻐꾹뻐꾹 별을 토해내면
저 봉우리에서 뻐꾹 뻐-꾹 숲을 토해낸다
그녀의 봉우리 가슴 메아리 품고
나는 그녀의 깊은 계곡에서
꿈 속 나비들을 확 날린다
아침 안개, 웨딩드레스를 펼친다

포이동 판자촌
—조각보

비닐장판으로 땜질한 슬레이트 지붕
처마와 처마 끝을 맞춘다
다닥다닥 붙은 비닐 창문마다
어깨를 맞댄 검은 눈빛을 맞춘다
아이들의 볼우물에서
해맑은 웃음소리 퍼 올리는 골목 안 풍경
울긋불긋 봄 한 조각을 맞춘다
가느다란 목덜미의 단발머리 소녀
개나리꽃무늬의 노란 봄을 차려입은 치마폭
발신자 없는 꽃잎 엽서를 날린다
무허가 판자촌의 쪽방
이 골목 저 골목을 기웃거리며
포이동 지도에 연두색 칠을 한다

지렁이

막 떠오르는 햇살 쨍 비친다
지렁이 한 마리
발가벗고 꿈틀꿈틀 낙서를 한다
간밤에 내린 빗물에 잠겨버린 땅 속의 집
숨 막히는 탈출
배설물로 탑을 쌓아 올렸다
빗물이 빠지자
아시아공원 녹색 아스콘 산책길
5월의 하늘 구름 낙서가 꿈틀꿈틀 기어간다
파란 잔디 밑에서 짝 짓기 하는 지렁이
아카시아꽃이 보고 씨- 익 웃는다

바늘섬

바늘구멍에 수평선을 꿰어 당기면
섬이 끌려온다
섬 겨드랑이에 감춘 안개가 끌려오고
입에 흰 거품 물고
파도가 끌려와 몸을 푼다
섬에 끌려온 파도
내 사타구니 밑에 와서
목쉰 소리 토해가며 몸부림친다
종일 몸부림치는 파도의 허리
당겼다 놓았다 당겼다 놓아버린
'바늘' 아득히 달아나는 '나'

네 탓 내 탓

새로 산 바지를 입고 거울 앞에 선다
거울 속에서 포즈를 잡고 서 있는 마네킹
바지가 땅에 끌린다고 탓자尺를 대고
바지 길이를 3인치 줄여 입고
거울 앞에 다시 선다
이번엔 구두가 삐져나온다고 구두를 탓한다
가위로 마네킹다리를 잘라낸다
윗도리를 입고 거울을 본다
팔이 길어서 팔소매 길이가 짧다고
마네킹의 긴 팔을 쑥 뽑아 던진다
긴 바지 탓, 짧은 다리 탓, 짧은 팔소매 탓, 긴 팔 탓
네 탓 내 탓
토르소가 된 마네킹
주가가 반 토막으로 토막난다

파꽃 위에

삼월 막 피는 떡갈나무 잎 위에
햇살 알갱이가 톡톡 굴러간다
연둣빛 이파리엔 연둣빛 햇살
분홍 진달래꽃엔 분홍햇살 알갱이가 굴러간다
삼월 황사바람 뒤로
왼쪽 오른쪽 번갈아 돌며 체위를 바꾸는
하얀 나비 한 쌍 한낮의 날갯짓
하얀 파 꽃 위에
연신 햇살을 실어다 뿌린다
하얀 낮달이 구름 위를 굴러간다

신호등

수바늘 구멍에서
노란 실 노란 쌈지길이 나온다
3월 창밖
한낮의 해가 횡단보도 앞에 선다
…신호등 깜박깜박
…개나리 노랑
…고추 빨강 맵다 매워
…시집살이 맵다 매워
점을 찍으며 뜬눈으로 밤을 새운다
하얀 포플린 천 위로----- 기어나오는
장다리 밭의 배추벌레
발자국이 묻어 있다

바늘구멍 속의 소나기

바늘이 주룩주룩 꽂힌다
몰아치는 비바람 천둥 번개 속을
부르면 달려가는 발뒤꿈치에 꽂힌다
흰지팡이를 짚고 가는 시각장애인
그녀의 바짓가랑이에
검은 바늘이 주룩주룩 꽂힌다
파란신호등을 깜박깜박 건너가는 횡단보도
뒤집히는 우산 속의
가슴에다 파랗게 문신을 새긴다
어깨에서 떨어지는
눈물 같은 빗물
빗물 같은 눈물
흰지팡이가 주룩 주르륵 꽂힌다

꿈의 조각

강릉 경포대 앞
은빛 치마 홀딱 뒤집는 바닷가
뽀글뽀글 울고 있는 붉은 게가
구멍 속으로 나를 끌고 갔다
구멍 속의 하늘엔
하얀 조가비 몇 송이 피어 있고
담장 안엔 하얀 목련이 반쯤 피고 있었다
목련꽃이 환한 창문 앞에서
아내가 이부자리에
하얀 옥양목 이불호청을 시치고
목련꽃 수술을 내 입술에 포갰다
경포대 호수에 둥- 둥 떠 있었다
땀으로 흥건히 젖은 내몸,

A/S

전광판에 빨간색 177번 대기번호가 뜬다

내 몸에서 붉은 체액이 빠져나간다 혈압. 혈당. 대소변 검사 심전도실 CT촬영실을 돌아 나와 내 몸을 샅샅이 읽은 사각의 모니터 영상 앞에 앉는다

잠은 잘, 식사는 잘, 배설은 잘 되십니까?
잘 잘 잘이 내 몸을 고문한다 고무망치가 관절을 톡톡 고문한다 관절이 꿈틀거린다 고문에서 풀려나 계단을 오르고 내리는데 삐걱, 관절이 노란 신호음을 발신한다 30년 무사고 녹색 운전면허증 갱신 생산 공장 문은 계속 닫혀 있고 폐차장 문도 굳게 닫혀 있다 A/S 안 되는 ……

'나' 이제 어디로 가지?

화요일 & 금요일
—분리수거

내가 하나씩 분리되어 나간다

오늘은 금요일 새벽
어제 아침 을지로 3가 '글나무' 에 나갔다가
집으로 돌아오기까지
몸속에 내 발을 넣고 동행을 한 신발을 분리해 버린다

책상머리에 앉아 국어사전을 또박또박 베껴 쓴 일기장
어제 밤 내 발치에서 잠자리를 지켜보던 양말짝
내 몸에 고여 있던
입 냄새 발 냄새를 버리고 버린다

날마다 조금씩 풀어 가벼워진
실패, 실패失敗한 나, 실패한 내 시가
눅눅한 비닐부대 속에
따로따로 분리 수거되어 버려진다

오늘 화요일 오전 9시 30분 TV뉴스

오전부터 몰고 다니는 비구름
오후 늦게부터 버리기 시작한다

제 4 부

유리속에서

유리 속에서

식탁 위에 깔린 유리 속에서 어른거리는 남자, 나를 쏙 빼닮은 키 작은 남자 그가 나를 읽는다 식탁유리 속에서 날고 있는 기러기 가족을 읽는다 아버지 따라 함경남도 성진까지 떼지어 날아간 기러기, 헤어져 어머니 따라 남쪽으로 내려온 평창 기러기, 장대비 퍼붓는 깊은 밤, 화약연기 속 얼어붙은 잿더미 위에 서서 동동(冬冬) 구르는 빨갛게 언 발을 그가 읽고 럭키담배 껌팔이 열네 살 소년을 그가 읽고 안남미 배급 쌀자루 지고 가는 눈 내리는 이 십리 밤길을 그가 읽고 열여섯 살의 등 뒤에 몰아치는 눈보라 1950년 그해 겨울을 그가 읽는다 봄, 여름, 가을의 징검돌 딛고 입동 날 새벽까지 건너와 식탁 앞에 앉아 있는 나, 발이 시려온다 따뜻하게 느껴지는 새벽 유리 속의 대머리 남자가 빛나고 있다

정선 아리랑

'억수장마 질라나' 창밖을 지나가는 매지구름*에 시선 한 줄기 팍 꽂아 쓱-당겨본다 죽-끌려오는 구름 팽팽히 버티는 구름이 나를 당긴다 내가 붕— 떠서 구름에 끌려간다 비눗방울처럼 가볍게 날아간다 휘파람새방울. 나비방울. 꽃방울. 별방울이 되어 날아간다 휘파람 휙-휙 불어 내 구름모자를 날려 보낸다 벼랑 끝에 대롱대롱 매달린 내 손 잡았다 놓았다 잡은 손을 놓고 달아나는 구름나비, 위기의 순간, 핸드폰의 디지털 신호 소리

'비가 올라나 눈이 올라나 억수장마 질라나' **

* 매지구름 : 비를 몰고 온 검은 조각구름
* * 정선 아리랑 가사

정선아리랑 패러디

청량리역에서 정선역까지 내가 아라리아라리 굴러간다 아리랑학교 가는 고갯길 옆 아리랑아파트에 사는 K시인에게 전화를 건다 (전화기가 꺼져 있어 전화를 받을 수 없습니다) 하얀 낮달이 걸린 비행기재* 굽이굽이 꽁지갈보** 넘겨주게 에-에에*** 잿마루에 걸린 구름겨드랑이 구름사타구니 살살 긁는다 깔깔깔……구름사탕 피어난다 날다람쥐 한입 나 한입 물고 구름노래방으로 나를 넘겨주게 에-에에

한집 건너 구름PC방 옆의 구름카페 막달라 마리아랑 마주앉은 구름커피 한잔 목울대 따끈하게 나를 넘겨주게 에-에에

* 비행기재 : 평창에서 정선으로 넘어가는 높은 산 고개
** 꽁지갈보 : 머리를 땋아 늘어뜨린 처녀 갈보
*** 에-에에 : 정선 아리랑은 '아리랑 고개로 넘어 간다' 하지 않고 '아리랑 고개로 나를 넘겨주게 에-에에에' 한다. 이것이 타지방 아리랑과 구분이 된다.

아라리 패러디

오뉴월 땡볕에 조이 밭이 달구어져 양철지붕이다. 조이보다 가라지가 더 많아 아이짐* 매기는 매도 매도 끝이 없다. 윗이랑의 이녁은 베고쟁이 걷어붙이고 윗고랑 짐매고, 아랫이랑 이녁은 아랫고랑 가라지 뽑는데, 가라지는 건성건성 뽑고 베고쟁이 새로 스리슬쩍 드러난 허벅지만 흘낏흘낏, 가라지 뽑는다며 애꿎은 조이까지 뽑는데, 뒷산 빼꾸기는 아라리를 호배파고, 산빈달 조이 밭에 삐뚜름히 벙싯 버는 아라리꽃 얄그러지면 어쩔거나 들랠 듯 말 듯 혼자서 구시렁대는데, 남의 속도 모르는 저 빼꾸기 또 아라리 운다.

윗이랑의 이녁은 멀 먹고 심이 저래 내뻗치는지 뜨급기 전에 한 이랑이라도 더 매야 한다매 쉬지 않고 짐만 매도 조밭 고랑의 풀은 줄지 않고, 가라앉을 만하믄 그 놈애 빼꾸기 또 아라리를 건드린다. "여보시게 이녁 좀 쉬었다 매시게나" 마음은 다박솔밭 진한 그늘에 가 있고…

바람도 없는데 다박솔 그늘이 출렁이고 가쁜 숨소리 빼꾸기가 주워 먹고 건넌 산 숲으로 빼꾹- 빼꾹- 날아가고…

그날 이후, 평창 장에 내다판다던 달걀꾸레미 즘심 대리끼에 챙게 늑코 이녁을 앞장서서 오뉴월 땡볕 산빈달을 한달음에 오

르는, 그 해 가을 조 이삭이 이녁의 팔뚝만큼 아라리 여물었다
데

* 아이짐 : 초변김

소금

산허리 비탈 밭에 웬 소금이 눈부시게 피었을까?

메밀꽃 축제 가는 길 옆에 하얗게 벗고 드러누운 소금밭, 폭탄머리 서울 총각이 메밀꽃 까페의 메밀꽃 손잡고 성큼성큼 걸어서 달빛 속으로 소금 속으로 들어간다. 바람도 없는데, 온통 달빛으로 진저리치는, 소금이 환하게 술렁이고,

효석이 축제에 콜택시 몰고 노루목 고개 씽-씽- 넘어 메밀묵을 팔러간다

나뭇잎 사이

간밤에
별들 모두 쓸어서 버린
캄캄한 어둠 속의
세모 조각이 창가로 찾아 왔다
아침에
창문을 열어보니까
나뭇잎 사이
비수처럼 반짝이며
반쪽의
내 조각 얼굴 떠 있다

평창

바늘귀에서
어젯밤 이명이 울었다
하평 앞강
여울이 졸졸졸 울었다
바라보는 바늘구멍 안
평창이 환하다

배낭 속에 날 구겨 넣고

배낭 하나 달랑 메고 길을 나선다
볼펜 하나, 메모지노트, 생수 한병 넣고,
길 모르면 물어물어
길 없으면 길 트고 길 닦으며 싸돌아다닌다
산에 들면 절집 한 채 구경하고
섬에 닿으면 섬 꽃향기에 흔들리며
파도 소리에 잠 못 드는 밤을 싸돌아
흔들리는 강아지풀에
흔들리는 내 몸짓 싸돌아
느닷없이 명동 거리로 잠입한다
어깨를 으쓱으쓱 엉덩이를 흔들흔들 싸돌아
폭탄머리 배꼽티 배꼽바지 힙합바지
꽃무늬 스커트 빨간 구두를 흔들어 본다
1960년 열여섯 살 서울의 명동 첫 나들이가
밀레니엄과 짝지어 혼숙을 꿈꾸며
인파 속을 싸돌아 역류한다
거리의 카페에 홀로 앉아 있으면
쓴 커피 한 잔 속에서

성당의 십자가와 빌딩을 가로지른
흔들리는 나뭇가지 휘어잡고
그해 5월 명동성당 앞 고갯길에서
죽은 애인이 흐느낀다

커피타임

"여보세요"
노란 찻잔 속에서 수화기 속의 코맹맹이소리
녹아서 풀어진다
회색빛 하늘이 풀어지고
12월의 첫 눈송이도 녹아서 풀어진다
입술이 카페인 속에 녹아 모락모락 피어오른다
나비가 된 입술 폴폴 날아
그녀의 검은 생머리 위에 흰 날개를 살짝 접는다
첫눈이 내리는 하얀 길 위에서
그녀가 살짝 웃는 입술 속의 하얀 덧니
하얀 덧니를 바라보며 키득거리는
그 남자의 입술에서
하얀 눈꽃들이 떨어져 사락사락 쌓인다
하얀 발자국소리 뽀드득
오전 8시 48분 커피타임 발자국소리 녹아내린다
HP폰에서 '눈이 내리네' 노래가 내린다
"여보세요 여보세요"
내리는 노래를 홀짝 홀짝 마시고 있는
그 남자

카페 '바라보기'

서해 제부도 바닷가
수평선을 들어 올리고 들어가는 해
달의 눈동자
갈매기 눈동자가
점. 점. 점 섬으로 솟아오른다
저녁 바다가 홍얼홍얼
밀려왔다 밀려간다
하얀 별이 떠있는 동동주
숯불 위에
조개구이 자글자글

게놈지도 한 장

사월 햇살의 붓놀림이 부드럽다
졸-졸 흐르는 물살 속의 송사리 떼
꽃구름 나비구름 새털구름 그린다
호랑나비의 날갯짓도 그린다
나 여덟 살 때 오줌 싼 요대기의 얼룩,
키를 머리에 쓰고 소금 바가지 들고
싸리문 밖에 서서 흘린 눈물얼룩 선하다
지난 여름 매미울음이 흔들어대던 이파리 뒤
그물망을 펼쳐 놓았다
달 없는 밤 강둑 너머 새끼 잃은 짐승의 울음소리
입동날 아침 억새꽃 길에서
불어오는 바람에 코끝이 시리다
내 선뜩한 어깨 위로 툭- 떨어진다
허공이 그린 게놈지도 한 장

풍장

길바닥 한가운데서
짝짓기를 하는 지렁이 몸 위로
휠체어 바퀴가 지나갔을까
핫팬츠 입은 여자의 높은 구두굽이 찍고 갔을까
몸무게 100Kg 쯤 되는
남자의 푹신한 운동화가 밟고 갔을까?
민들레 꽃씨 날아와 조문을 다녀간다
오뉴월 불볕이 시체의 물기를 걷는다
초록바람이 냄새를 걷는다
한밤 내 사이키 조명이 어둠을 가르고
베토벤의 교향곡 5번 운명의 소리
폭우에 흔적도 없이 씻겨간 풍장,
어제 그 자리의 한 줌 흙살 위에
오늘 기우는 해가 내 그림자 길게 눕힌다

지팡이

—고 오남구 시인 49제에 부쳐

내 꿈자리에다 지팡이를 심는다. 팥배나무 뿌리를 잘라서 만든 지팡이, 둘이서 앵봉산을 올라간다 산 정상 바위에 걸터앉아 주머니칼로 지팡이의 껍질을 벗겨낸다 배의 통증, 우울을 사포질한다 하얗게 벗은 지팡이 숨을 쉰다 등산 모자 푹 눌러쓰고 내 앞에서 능선을 걸어간다 숨 한 번 들이쉬고 서오릉 서어나무산책길을 걷는다 쉼터 통나무의자에 앉아서 "고 선생이 바윗돌이 저기 산 위에 있지 않고 왜 여기에 있지?" 지팡이에서 노자의 벌레*가 기어 나온다 꽃구름 피어난다 빗방울 후드득 떨어진다 키 작은 지팡이가 무서운 벼랑, 하얀 망초꽃밭 지나서 해를 등에 업고 구파발지하철역 계단을 내려선다 지팡이를 길-게 늘여 고부 백산 배들녘 이평리 작은 언덕까지 하얀 다리를 놓는다 신촌세브란스 암병동 306호실 병상에서 "나 집에 가고 싶어" 하던 연신내 집, 끝내 못 가본 채 40여년의 하얀 외길 잡고 있던 시의 탯줄 내려놓은 지 49일, 황토 양지에 동그마니 나앉은 '낭구'**

"선생님 나 배 고파요"

* 노자의 벌레 : 오남구 시인의 시 제목
* * '낭구' : 오남구 시인의 별명

거제도

섬이 섬을 둘러싸고 있는 남해 거제도
바다가 섬 정수리에 올라앉아 있고
바다 가랑이 사이에 섬이 내려가 누워 있다
내 여섯 살 때
가랑이 사이로 본 하늘이 거기에 있고
손 짚은 땅이 거기에 있다
지금 거꾸로 보이는 그곳에 나는 없고
바다와 뭍 사이에 내가 섬으로 떠있다
바닷가 억새꽃이 나를 알아보고 하얗게 웃는다
어느 머-언 별의 얼굴을 씻고 온 이슬이
바닷가 언덕 해송나무숲 애광원
아이들의 슬픈 눈망울 씻어주고 갔을까,
새까만 눈망울들이 섬 언덕에 다닥다닥 붙어
섬을 들어올렸다 놓았다
해송나무 가지마다 모여 앉은
푸른 잎새들이 재잘재잘
수평선에 해를 들어올려 놓았다

외줄타기

—왕의 남자 패러디

줄을 탄다
넝쿨 위에 올라선 청설모
넝쿨 줄을 팽팽히 튕긴다
나비인 듯 날아올랐다가
사뿐사뿐 줄 위에 내려앉았다가
휘-익 휙 허공에 동그라미 그린다

치맛바람 강바람 아라리바람
줄바람을 일으킨다
한 손에 부채 들고 접었다 펼쳤다
눈먼 청설모의 목숨이 기우뚱
허공에서 중심을 잡는다
외줄 위에서 숲 속을 호령한다

'허공의 맛이 어떠한가' ???*

날다람쥐 북채 들고 마디마디
얼쑤 얼쑤 추임새 넣으면

아슬아슬 환장하게 노는데 눈 멀고
여자의 치마폭에 싸여 귓속말에 귀 멀어
신맛 꿀맛 떫은맛 소태맛 소금맛
씨나락 까먹다가 입술 부르터졌네
줄을 잘 타면 학이 되고
줄을 잘 못 타면 추락하는 어릿광대 맛

'눈이 멀어 줄 위에 서니 그저 허공이네' *

* 영화 '왕의 남자' 대사 중에서

타래버선 아기달

쉿 잠 깰라

대추나무 우듬지에 걸터앉아
고개를 까딱까딱 졸던 아기달이
봉창 구멍으로 들어와
솜사탕 속에 언 발을 파묻고
막 단잠에 빠진다

쉿 잠 깰라

어머니는 밤새 뜬눈으로 손바느질한
타래버선 아기달의 발에 신겨준다
사립문을 빠져나가는
아기달의 키 한 뼘이나 자랐다

쉿 잠 깰라

어머니의 무릎 키

아기달의 자라난 키만큼 졸아들고
꿈속에서 내 바지 길이
껑뚱껑뚱 종아리를 올라간다

솔기

부엉이 울음 한 땀 한 땀이
어머니 치마폭에서 밤을 새워 운다
첫잠 깨어난 수탉의 울음
자정을 넘어서고
뒷산 능선 위로 달이 기울면
앞강의 검푸른 물굽이가 뒤척이는 소리
쇠여물 가마에 불 지피는 소리
문풍지 틈새로 새어 드는 여명
어머니 무릎을 땀땀이 딛고
환한 솔기로 일어선다

쌈지

바늘 쌈지를 풀어 놓는다
오르간표 가정용 미싱바늘 11번
네 탓, 내 탓, 탓 탓 탓 툴툴거린다
술달라안주달라담배한개비달라눈물콧물닦아
달라 툴툴툴 심술부리며
손톱달 한가운데를 박음질한다
피 닦는 붉은 달 감싸 안고 울다가 웃는다
처진 어깨 뒤로 슬며시 다가와서
쌈지가 미싱바늘 11번을 감싸 안는다

칡꽃 울음 운다

쓰러질 듯 비어 있는 외갓집 처마 끝
외삼촌 지게 위의 바소쿠리를 거머쥐고
칡넝쿨이 꼼틀꼼틀 벽을 타고 뻗어 오른다.
푸른 힘줄 한 가닥
쭈 — 욱 뽑아 바늘귀에 걸면
보랏빛 칡꽃이 피려나
바늘 한 땀 뜨고 칡뿌리야 칡뿌리야
바늘 두 땀 뜨고 내 종아리만큼
바늘 세 땀 뜨고 굵어져라 굵어져라
외갓집 처마에서
보랏빛 칡꽃 울음운다

새 식구

오월 수릿날, 그네줄 높이 솟은 치맛자락에 철쭉꽃 붉게 피었다고 소곤거리는 입소문, 그네 줄 타고 "강 건너 춘천이요 산 넘어 서울이요" 훨-훨 날아가더니 어느새 제비 둥지에 아들 딸 다섯 지지배배 경사 났네

떡갈나무. 졸참나무 초록빛 손바닥을 흔들어 나를 반긴다 산 중턱을 오르는 길가 갈참나무 움돋이 꽃 하나, 나무뿌리 지팡이 하나, 볼 붉은 산딸을 데리고 다닌다고 뻐꾸기가 온 산에 입소문 뻐꾹뻐꾹 퍼뜨리더니……

나도 산딸을 닮은 새 식구 생기려나?
연듯빛 태몽으로 시달린다

그냥, 한 두름

평생 동안 바느질만 하다 일흔을 훌쩍 넘긴 노인이 손자며느리 해산달을 맞아 증손자에게 입힐 배냇저고리 깁는데… 천 보따리 속 하얀 융단 찾는데 한 시간, 가위 찾는데 30분, 마름질하는데 또 한 시간, 명주실 꿸까 무명실 꿸까 고래심줄 꿸까? 망설이는데 15분, 돋뵈기 찾고 바늘귀에 실 꿰는데 들어갈 듯 말 듯 헛짚다가 시간 다 까먹고, 옷고름 달고 저고리 숨구멍 막고 있는 데 …

"할아버지할아버지꼬추요나아빠됐어요"

빠른 목소리 툭 끊는다 저고리 숨구멍 속에 '저런 급한 성질머리' 뚝잘라 넣는다 말 빨리 빠리빠리 나온 철부지에 실밥 매달린 8282 팔만 둘 달리고 주머니는 없는, 하얀 피부, 부드러움을 입혀준다. 츳츳츳 갓난 애기, 그 애비. 그 애비의 애비가 그냥 한 두름이다

바람개비

첫째 마당

바람이 어깨에 날개를 단다
날개 달린 아라리바람개비 나를 돌린다
성마령*의 높새바람 몰아
아라리 무쇠풍구
다리미 속 이글거리는 불꽃을 먹은
내 불 멀미를 아라리로 돌린다

초록바람개비가 돈다
아주까리 동백은 아우라지 처녀에게나 주고
머루 다래는 저 산에 주고
알싸한 산초 향기
한치 뒷산 곤드래 딱주기
참나물 취나물 곰취 잎은 나에게 돌려주고
산마을 강마을 빙빙 돌린다
네눈박이 검둥개가 물어뜯는
휘영청 밝은 저 달

초록바람개비가 커엉- 커엉- 돌린다

구멍 뚫린 꺼먹 고무신 끌고
이슬에 젖은 새벽길
달 없는 밤길
진눈깨비 내리는 길 질척질척 돌아서
내 탯줄이 연기로 사라진 마당이 있는 집을
하얀 바람개비가 돌리고 돌린다

소금꽃 흐드러지게 피어있는
고향집의 덜컹대는 철 대문 밀고 들어간다
처마 낮은 헛간 구석에서
먼지 낀 물레가 무명실 자아올리는
할머니를 돌리고 어머니를 돌리고 나를 돌린다
안개 걷힌 골목길 엿장수 가위 소리
녹슨 굴렁쇠가 마당을 돌린다
마루 밑에 벗어놓은 꺼먹 고무신짝
눈깔사탕 바꿔 먹은

입술 부르튼 뻐꾸기가 허기진 배를 움켜쥐고
메들리로 풀-꾹 풀-꾹 돌려댄다

둘째 마당

움츠러든 바람개비 날개 빳빳하게 풀을 먹인다
1950년 그해 여름 피난시절 달구벌의 삼덕동을 돌아
'바다가 지나가는 골목' 을 돌아
화약연기 사라진 잿더미를 돌린다
열네 살의 빡빡머리 버짐꽃 핀 얼굴에 눈이 퀭한 소년
럭키. 카멜. 말보로 추잉검을 펼쳐든
소년의 손 좌판을 돌린다
미군 헌병에게 잡힌 소년의 뒷덜미
'깟뎀' 푸른 눈의 눈총 맞고
줄기 비 내리는 흑백 필름 속에서 돌고 있다
1951년 겨울 1 · 4후퇴 때
흰 눈으로 꽁꽁 얼어붙은 피난길
따-콩 따콩 따따-콩 따다다다 따다다다

반세기를 넘어온 이명
바람개비가 아라리로 돌린다

셋째 마당

파란 바람개비가 열여섯 살의 소년을 돌린다
뒷골목 바느질공방 구석에서
교모 교복 책가방을 다리미 속에다 쑤셔 넣고
파란 불꽃이 튀도록
풍구를 돌려서 씽-씽 바람을 일으킨다
꺼져가는 불씨를 돌린다
15종 가정용 미싱
103종 공업용 모터 미싱 오바로구 미싱
밤을 낮으로
낮을 밤으로 드륵 드르륵
아침 8시부터 밤 10시까지
하늘이 노래지도록
피댓줄이 늘어지도록 미싱을 돌려댄다

넷째 마당

세 날개 중 귀 떨어져나간 한 날개
기름 치고 먼지 털고
돌리고 돌린다 아라리바람개비
4.19의 함성
5.16 군사 혁명을 아라리로 돌린다
1970년 11월 13일
청계천 평화시장 앞에서
불꽃에 휩싸인 봉제노동자 전태일을 돌린다
단 한 시간이라도 피댓줄을 더 돌려야하는

나,

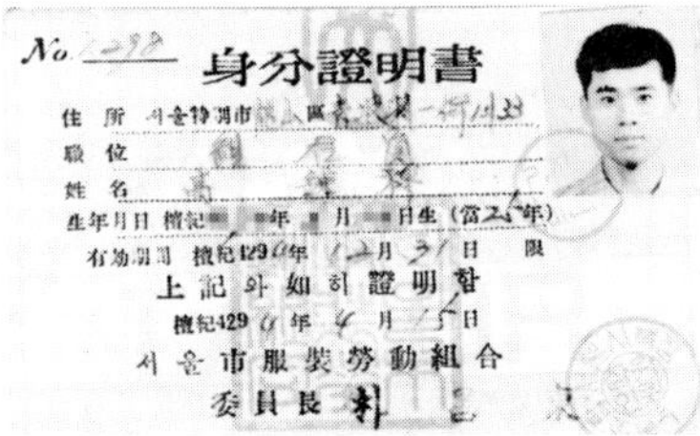
No.
身分證明書
住所 서울特別市
職位
姓名
生年月日 檀紀 年 月 日生 (當 年)
有効期間 檀紀429 年 月 日 限
上記와 如히 證明함
檀紀429 年 月 日
서울市服裝勞動組合
委員長

머리띠 두르고 노동쟁의에 불려 나간다
잘- 살아보세 잘- 살아보세
새마을 노래를 돌린다
소년을 돌리고
스물넷의 젊은 목구멍 피댓줄에다 건
바늘구멍 속의 나를 노란바람개비가 돌린다

다섯째 마당

함경남도 성진 바닷가에서 객사한
아버지의 바람을 돌린다
어머니의 바람이 쌍포바위를 물어뜯는다
파도를 물어뜯고
일곱 살의 나를 물어뜯고
시계바늘을 갉아먹는다

빛바랜 슬레이트 지붕
바람에 삐-걱 거리는 녹슨 대문짝

나동그라진 간이역 뒷마당
잎이 진 대추나무 우듬지 끝에 매달려서
성마령의 아라리바람개비
저 홀로
아리아리 쓰리쓰리 아라리 돌아간다

여섯째 마당

평창 오일장 서는 날
흰 고무신 닦아 신고 휘파람 날리며 장 구경 간다
몇 해 전 저승 바람맞은 피붙이를 만난다
휘적휘적 장바닥 한 바퀴 휘돌아 본다
어물전 앞에서 굵은 베옷을 입은 친구의 아들을 만난다
효도관광 떠난다고 좋아하시더니
교통사고로 객사한 이야기 전해 듣는다
그의 영전에 막걸리 한 잔
노잣돈 몇 푼 보태주지 못해서 짠한 마음 푼다
떡 전 골목의 긴 나무 의자에 걸터앉아

메밀 부치기에 막걸리 잔 건네고
나도 한 잔 거나하게 취하면
이승이 저승이고 저승이 이승이 된다
바람맞은 누더기 옷자락에
어스름이 번진다
내가 저문다
성마령의 아라리바람개비 조용하다

* 성마령 : 평창 미탄에서 정선으로 넘나들던 옛 도로. 손에 별이 잡힐 듯 고개가 높아서 지어진 이름

〈시해설〉

바늘언어의 미학

—고종목 시집 〈바늘의 언어〉

오 혜 정(시인)

시인은 세상을 읽어내는 여러 개의 또 다른 눈을 가진다. 귀로 혹은 코로, 손의 감각으로도 세상을 읽어낸다. 모든 감각을 열었을 때 시인은 새롭게 사물을 바라볼 수 있고, 보다 사물성에 가깝게 다가갈 수 있다. 이런 점에서 고종목 시인의 바느질 체험은 새로운 시 쓰기에 있어 독자적인 개성을 부여한다. 바늘구멍이라는 렌즈를 통해 보이지 않는 사물성을 접하기 때문이다. 이러한 새로운 눈은 사물 그대로의 대상, 사물성을 묘사하여 '직관적 또는 사물성의 다양한 모습을 드러낸다.' 새로운 시 쓰기 방법으로 탄생하는 그의 시는 '말하기' 의 관념이 아닌 '보여주기' 의 방법을 취하는데 텍스트와 그림(이미지, 영상)이 같이 흘러가는, 마치 동영상을 재생하는 듯한 '디지털시' 이다.

이전 시집 「바늘 구멍」이 공방 안에서의 실험시였다면 이번 시집 「바늘의 언어」는 바늘을 들고 공방 밖으로 나왔다는 점에서 더욱 의미가 있다. 시인은 시를 바느질하고, 우주를 바느질하고, 시작과 끝을 바느질한다. 이러한 그의 일련의 작업들은 단순한 바느질로 끝나는 것이 아니라 시를 쓰는 일이며 삶을 쓰는 것이다. 그에게 있어 바느질이 시 쓰는 일이고, 시 쓰는 일은 자신을 찾아가는 과정이기 때문이다.

구멍 들여다보기

구멍은 세상을 보는 눈이며, 시작과 끝을 동시에 가지는 공간이다. 세상의 모든 것들은 구멍을 통해 시작된다. '수바늘 구멍에서 / 노란 실 노란 쌈지길' (「신호등」)도 나오고, 구멍은 '수평선을 꿰어 당겨' (「바늘섬」) 섬을 끌고 오기도 한다.

> 어디만큼 왔나? 엉덩이에 푸른 몽고반점이 찍힌 홀딱 벗은 키 작은 내가 구멍 속으로 걸어 들어간다. 구멍 속의 자욱한 안개를 뚫고 가는 알몸의 꿈부멜라 순례행렬, 살 타는 연기에 내 몸이 발작을 일으킨다. 콜록콜록, 어디만큼 왔나? 낮엔 해를 따라 서쪽으로 밤엔 별을 따라 동쪽으로 가다가 2000년 전 예수를 만나 손바닥의 못 자국 만져보고 보리수 아래에서 수행하는 싯다르타의 그림자 만나 손을 잡고 흔들다가 구름계곡 아찔아찔 건너 딛고 히말라야 설산에 찍혀있는 예띠의 발자국 옆에 내 맨발의 발자국 찍는다. 어디만큼 왔나? 사막 위에다 낙타 발자국 찍어놓은 순례길, 눈물콧물, 똥오줌

의 온기 묻어 있는 구멍을 모래바람이 징검징검 건 · 너 · 간 · 다 구멍 밖의 낮술 한잔 걸치고 인사동 골목을 어슬렁거리는 나,

—「꿈길, 어디만큼 왔니?」

구멍이라는 공간의 설정은 환상성을 두드러지게 하는 장치로서 작동한다. 안과 밖을 동시에 가지는 공간이기 때문이다. 구멍은 구멍 속의 '나' 와 '낮술 한잔 걸' 치고 '인사동 골목을 어슬렁거리' 고 있는 구멍 밖의 '나' , 두 개의 나를 가진다.

구멍은 안과 밖을 서로 내다볼 수 있는 지점으로, 시공간이 분리되지 않은 채 여러 겹의 시간과 공간들이 겹쳐있는 현재와 과거, 미래를 연결해주는 통로이자 경계이다. 따라서 어떠한 시간이든, 공간이든지 '건너뛰기' 하여 갈 수가 있다.

때문에 구멍 속으로 걸어 들어간 '나' 는 '엉덩이에 푸른 몽고반점이 찍힌 홀딱 벗은' 관념에 물들지 않은 존재로서 구멍 밖의 나보다 자유롭다. 꿈부멜라 순례행렬 체험도 하고, '2000년 전 예수' 도 만나고 '보리수 아래에서 수행하는 싯다르타의 그림자' 도 만난다. 구멍을 통해 갈 수 없는 곳은 없다. 히말라야 설산도 사막도, '징검징검 건.너.간.다' .

이러한 구멍의 설정은 그가 추구하고 있는 경계 허물기 혹은 음 · 양을 통합하여 새로운 세계를 열어 나가기 위해 전제되는 중요한 조건이 된다.

언어를 바느질하기-해체와 재생산

시인에게 있어 시 쓰기는 ?표이고, !이고, 그리고 …이다. 그에게 있어 시쓰기의 과정은 바느질과 유사하다. 그는 바늘구멍이라는 렌즈를 통해 세상 모든 물상이 모두 조각의 형태로 이루어졌음을 깨닫게 된다. 그리고 그 조각들은 차이로서 그 자리를 가지게 된다.

새로 산 바지를 입고 거울 앞에 선다
거울 속에서 포즈를 잡고 서 있는 마네킹
바지가 땅에 끌린다고 탓자尺를 대고
바지 길이를 3인치 줄여 입고
거울 앞에 다시 선다
이번엔 구두가 삐져나온다고 구두를 탓한다
가위로 마네킹다리를 잘라낸다
윗도리를 입고 거울을 본다
팔이 길어서 팔소매 길이가 짧다고
마네킹의 긴 팔을 쑥 뽑아 던진다

—「네 탓 내 탓」 일부

시인이 바늘구멍이라는 렌즈를 통해 본 세상은 '자연적인 것이든 물리적인 것이든 조각의 형태를 갖추고 있다' . 따라서 그는 모든 사물을 조각으로 해체한다. '나' 또한 예외일 수 없어서

'날마다 조금씩 풀어 가벼워진 / 실패, 실패失敗한 나, 실패한 내 시' 도 '눅눅한 비닐부대 속에 / 따로따로 분리 수거되어 버려진다' .(「화요일 & 금요일」)

이러한 해체작업을 그는 바느질을 통해 형상화한다. 세상을 재단하는 자를 들고 '거울 속에서 포즈를 잡고 서 있는 마네킹' 의 바지를 줄이고, '가위로 마네킹 다리를 잘라내' 기도 하며, '마네킹의 긴 팔을 쑥 뽑아 던' 지기도 한다.

시인은 세상을 '바늘의 언어' 로 풀어낸다. 세상을 조각내서 파편을 바라보고, 그 파편의 사물성을 직관적으로 직시하고자 한다. 그리고 그 조각의 차이, 내재된 다른 감정들을 언어로 옮겨놓은 것이 그의 시이다. 이러한 그의 작업은 이성 중심적인 기존의 인식을 뿌리 뽑는 일로 경계를 허무는 일이다.

> 구름을 해체한다
> 폭 72인치 길이 108인치 크기로 자른
> 구름 노블텍스 한 장 재단대 위에다 펼친다
> 옷본을 구름 위에 놓고 각을 뜬다
> 싹둑싹둑 해체된 구름 노블텍스 위로 바늘이 걸어간다
> ㅁ각 ▷각 모양으로 불가사리 진달래 분홍 꽃잎 모양을
> 八자 뜨기 별 뜨기를 한다 풀로 붙이고 시치고 박고 햇살
> 한 가닥에 조각들을 죽- 꿰어 뒤집는다 햇살다리미로 주름
> 살을 편다 황조롱이 눈알 같은 ◎ 단추를 단다

욱신거리는 구름옷 한 벌 툭툭 털고 일어선다
거울 앞에 입고 서서 앞 단추를 끼운다
망초꽃 피는 여름 길을
줄무늬, 별무늬, 체크무늬 구름이 걸어간다

―「구름 노블텍스」

세상 모든 물상을 조각의 형태로 잘라내고 해체하면, 기호만이 남는다. 시인은 해체에서 끝나는 것이 아니라 그 해체된 것을 조립해서 재생산 한다.

ㅁ각, ▷각 모양으로 '진달래 분홍 꽃잎 모양' 을 붙이고 ' 황조롱이 눈알 같은 ◎ 단추' 를 달면 구름이라는 사물은 바늘에 의하여 상식적인 범위를 벗어나 다른 존재의미를 부여한 사물인 오브제로 재탄생한다.

로고스중심주의적 · 재현이론적 사유방식을 가지는 사유를 깨고 미술, 음악, 문학 등의 모든 예술이 맞닿아 있을 때, 시는 확장된다. 그런 의미에서 바느질 작업과 그의 시 쓰기 작업이 경계를 허물고 넘나드는 점은 흥미롭다. 경계를 거부하는 행위 자체가 시 쓰기의 시작이며 글 읽기와 세상읽기는 경계가 없이 한데 엮어진다. 그렇게 되었을 때 언어는 자율성을 보장받게 된다. 모든 언어들이 텍스트 안에서 언어 그 자체의 힘과 운동성을 가지고 자유롭게 변신을 거듭하며 사라지고 다시 생성된다.

내 조각보의
ㄱ과 ㅎ 사이에서 꽃들이 탈출한다

초록이 ㄱㄴㄷ으로 피어나고, ㄹㅁㅂㅅㅇㅈ 자음이
붉게 피어나고, ㅊㅋㅍㄷㅎ이 어깨를 기댄다
일곱 빛깔의 자음 한 다발로 묶는다
쪽빛 도투락 하나 가슴에 달고 눈을 깜빡인다

ㄱ에서 ㅎ사이
가윗날이 날아다닌다
비로소 가윗날에 꽃이 진다
자음에서 모음으로 내가 날아간다

—「ㄱ과 ㅎ사이」

그는 기존의 틀을 깨고 캔버스 대신 천을 손에 들고, 붓 대신 바늘로써 세상을 그려낸다. 그리고 물감대신 천 조각으로 캔버스 위에 그림을 그리고 글자를 수놓는다. 조각보에서는 수많은 말들이, 그리고 의미들이 다시 태어난다. '초록' 은 'ㄱㄴㄷ' 으로 피어나고, 'ㄹㅁㅂㅅㅇㅈ' 이 '붉게 피어' 난다. 그리고 그 사이에 '내' 가 있다.

그의 시 쓰기 작업은 해체에 머물지 않고 해체를 넘어서 또 다른 생성이고 역동이다. 이러한 '결정불가능성' 은 형식이 곧 주제

이고, 주제가 곧 형식이 되어 경계가 사라진다. 이러한 이분법을 탈피하고 모든 것이 고유의 위치에서 벗어나 계속 변화되어 간다. 이러한 변화는 데리다의 '차연' 과도 같은 맥락에 놓여 있다.

디지털 이미지의 시

새로운 패러다임이 등장하고, 새로운 시 쓰기가 요구됨에 따라 시인이 선택한 것이 오남구 시인을 주축으로 한 '시류' 동인들의 '디지털시' (탈관념시)이다. '디지털시' 는 '보여주는 이미지의 시' 로써 디지털의 눈으로 사물을 보듯 사물을 인식하여 보는 '다시점의 이미지(보통 사람의 눈은 단일 시점에서 이미지를 만든다)' 이다. 이 이미지를 언어로 묘사하는 '염사' 와 '접사' 란 방법으로써 탈-관념의 보여주기(Showing)를 하는데, '디지털적 시 쓰기는 언어 이전의 인지 단계로의 피드백, 즉 관념의 제로 포인트로 돌아가는' 것이다.

창릉 앞 남쪽 줄지어 서 있는 소나무 길
쪽 곧은 길 끝에 뻥 뚫린 곳을 내다보고 있다
빨간 점 하나가 점 점 확대되면서
빨간모자가 걸어온다
모자에서 팔이 불쑥 나와 앞뒤로 휘젓는다
팔에서 다리가 불쑥 나와 걸어온다
점 점 다가와서 내 등 뒤로 사라진다

잠시 후 빨간모자가 하얀모자가
등 뒤에서 나타나 내 앞을 걸어서 간다
키가 작아진다
다리가 없어지고 팔이 짧아지다가 없어지고
목이 뚝 잘려나가고,
두 개의 모자가 두 개의 점으로 멀어진다
30m쯤 앞에서 다람쥐 한 마리가
길 오른쪽에서 길 왼쪽으로 건너갔다가 되돌아서
길 오른쪽으로 건너간다
내 시선이 확- 흐트러진다

—「빨간모자」

이전 시집에서의 '디지털시' 가 시인의 체험과 삶의 현장이 두드러진 이미지의 시였다면 이번 시집에서는 영상성이 두드러진다. 마치 카메라 앵글이 다각도에서 Zoom-in 하듯이 사물을 보여준다. 「빨간모자」는 어떠한 관념도 부가되지 않은 관념의 제로포인트에 있는 사물 그대로를 묘사하여 보여준다. 멀리 보이는 '빨간 점' , 그리고 그 점이 '빨간 모자' 로 보인다. 이러한 사물들은 따로 따로 촬영된 화면의 단편들을 재조립하여 한편의 통일된 작품으로 엮어내는 몽타주의 기법처럼 재조립되어 마치 동영상을 보여주듯 흘러간다.

그의 시는 따로 따로 촬영된 현장의 순간들의 단편들을 창조적으로 접합하여 현실과 다른 시간과 공간을 만드는데, 이러한 시·공간은 환상성이 부가되는 새로운 현실을 만들어낸다.

> 투명한 햇빛 속을 걸어간다
> 오솔길 옆 떡갈나무 잎에
> 이마에 맺힌 땀방울처럼 이슬수를 놓는다
> 이슬방울 속 하얀 망초꽃 가리마길이 비친다
>
> —「이슬수를 놓는다」 부분

시인은 광학현미경 렌즈로 사물을 접사하여 바라보듯 오솔길에서 떡갈나무로, 떡갈나무 잎의 이슬, 이슬방울 속에 비친 하얀 망초꽃을 접사한다.

이러한 말하기가 아닌 보여주기의 기법은 독자들에게 무한 상상의 판타지의 장을 열어준다. 만약 시인이 추상적으로 관념을 말해버린다면 독자는 영상을 떠올릴 수 없고, 시인이 제시한 관념 이상을 넘어서는 상상력을 발휘할 수 없게 된다. 시인이 '직접 관념을 말하지 않고 관념의 형성 이전인 인지단계의 개념, 또는 사물을 묘사하여 동영상을 보여주' 게 되면 독자는 각기 다른 영상을 떠올리게 된다.

전작들이 회화적 이미지를 보여주는 '디지털시' 로써 보여주기의 방법을 취했다면, 이번 시들은 보여주기에서 그치는 것이 아니라 언어를 포함한 모든 물상을 해체하고 다시 재조합을 통해 새로운 의미를 창출해낸다. 이러한 일련의 작업은 환상성을 부여하여 독자들에게 새롭게 해석할 수 있는 상상력의 가능성을 열어둔다.

새로운 시쓰기, 하이퍼시

이번 시집은 전 시집인 〈바늘구멍〉의 연장선상에 놓여있지만, 새로운 시쓰기 방법으로 그가 선택한 것이 '하이퍼시'이다. 하이퍼시는 '언어의 징검다리' 식 연결망으로 비유할 수 있다. 하이퍼시는 비선형성, 비고정성, 탈-중심, 탈-관념, 쌍방향성 등 상대적 특성을 가지는데, 언어를 다루는 시인의 감각과 위트를 더욱 돋보이게 하는 상승작용을 한다.

실비가 실絲실實실失 내린다

실바늘에 실비를 꿰어 든다 실안개 낀 실골목의 실눈 아지매집 실국수 한 그릇 비운다 실버들 늘어진 삼거리 실제비쑥 돋는 실개천이 실비에 젖고 내 젖은 바지가랭이로 스민다

실구름 하나 잡고 실도랑 건너뛴다 실족한 고무신짝 찢어진 구멍을 꿰맨다 젖은 발에 걸려나온 실로 실뜨기한다 실톱에 동강동강 실 동강 난다 눈꺼풀이 떨린다 실비 그치고 실實뭉치에 피 구슬 맺힌다

실, 실, 실, 풀린다 자꾸만 가벼워지는 나,

—「꿈, 섬을 깁다」

'실' 이라는 음절은 시 속에서 계속 미끄러진다. 시어들은 계속 만나고, 차이 속에서 반복된다. 언어란 고정된 것이 아니라 연속적으로 시점이 변화되면서 형성되는 과정이다. 시어는 다른 시어와 계속 접촉하면서 다른 단어로 대체 되어간다. "이러한 미끄러짐이 계속 되면서 서로 네트워크를 구성하고 있다. 하이퍼시에 건너뛰기는 마치 컴퓨터에서 '시프터(shifter)라는 이동장치처럼 어떤 한 시행(詩行)이나 센텐스의 임의의 부분에 다른 어구나 시행 또는 텍스트가 연결되어(링크되어), 복수의 텍스트가 상호간에 복잡한 네트워크를 구성하게 된다. 기존의 시 텍스트나 산문 텍스트는 그 문맥이 선조적(線條的), 일방적 순서로 진행되지만, 이동장치인 시프트를 이용함으로써 사용자가 맥락을 자기 시점에서 자유롭게 접속하여 전환하게 된다. 시간적, 선조적, 앞뒤의 순서로 진행되는 한 맥락은 중간에서 전혀 다른 맥락이 가지처럼 붙어서 갈라지고, 다시 그 가지에서 또다른 맥락의 가지로 갈라져, 이리하여 맥락을 달리하는 많은 복수의 텍스트가 얽혀 하나의 커다란 네트워크를 구성하게 되는 것이다.'

결국 이것은 하이퍼텍스트의 링크된 '말의 덩어리' 또는 '마디' 를 점핑해가는 모습과도 같다. 그런데 이런 쓰기 방법은 시인의 무의식 속에서 이루어지고 있다. 쓰기의 방법이 무의식 속에서 이루어지고 있다는 것은 아주 중요하다.” 이러한 하이퍼시를 단순히 언어철학적인 해체나 유희로만 보게 된다면 큰 의의가 없다.

“여보세요”
노란 찻잔 속에서 수화기 속의 코맹맹이소리
녹아서 풀어진다
회색빛 하늘이 풀어지고
12월의 첫 눈송이도 녹아서 풀어진다
입술이 카페인 속에 녹아 모락모락 피어오른다
나비가 된 입술 폴폴 날아
그녀의 검은 생머리 위에 흰 날개를 살짝 접는다
첫눈이 내리는 하얀 길 위에서
그녀가 살짝 웃는 입술 속의 하얀 덧니
하얀 덧니를 바라보며 키득거리는
그 남자의 입술에서
하얀 눈꽃들이 떨어져 사락사락 쌓인다
하얀 발자국 소리 뽀드득
오전 8시 48분 커피타임 발자국소리 녹아내린다
HP폰에서 ‘눈이 내리네’ 노래가 내린다
“여보세요 여보세요”
내리는 노래를 홀짝 홀짝 마시고 있는

그 남자

—「커피타임」

“입술이 카페인 속에 녹아 모락모락 피어오른다”의 문장 다음에, “나비가 된 입술 폴폴 날아 / 그녀의 검은 생머리 위에 흰 날개를 살짝 접는다”의 문장이 연결되어 있다. 이 시는 이후로도 ‘입술’을 중심으로 해서 문장이 계속 연결된다. 개성 있고, 위트 있는 소통방식이 눈에 띄는데, 우리가 어릴 적 재미있게 불렀던 놀이가 문득 생각난다. “원숭이 엉덩이는 빨개, 빨간 건 사과, 사과는 맛있어, 맛있는 건 바나나, 바나나는 길어, 길으면 기차…”

이제 언어는 시어들끼리 접촉하면서 다른 의미망을 형성하면서 확장되어간다.

투명한 햇빛 속을 걸어간다
오솔길 옆 떡갈나무 잎에
이마에 맺힌 땀방울처럼 이슬수를 놓는다
이슬방울 속 하얀 망초꽃 가리마길이 비친다
바로 내 앞에서 지팡이 짚은
기호 ‘5’ 낭구의 어깨 높이에서 흔들리는
망초꽃, 꽃인가 하고 보면 하얀 나비 떼가 날고
하얀 나비 떼인가 하고 다시 보면
어느새 망초꽃이 된 낭구의 나비걸음이 얼비치고

쪽진 머리 반듯한 어머니가 비치고
쭉 곧은 가리마길로
훤칠한 키에 짙은 눈썹 위 번들이마
두루마기자락 펄럭이며 아버지가 걸어오신다
아버지 얼굴에 내 얼굴이 환히 겹친다
풀잎을 스치는 푸른 바람결
내 몸이 톡- 터질 것만 같다
눈 깜박하는 사이
반짝 스러지는 이슬을 본다

—「이슬수를 놓는다」

하이퍼시의 가장 중요한 핵심은 바로 관계이다. '하얀 망초꽃' → '하얀 나비떼' → '망초꽃이 된 낭구' → '어머니' → '아버지' 가 연속적으로 건너뛰기를 하면서 이동한다. 복수의 시어들은 상호간에 복잡한 네트워크를 구성하고 있는데, 그 흐름은 순차적이지 않고 자유롭게 접속하여 전환을 이룬다. 시어들의 관계는 경험에 의한 환기를 통해서 하나의 맥락으로 연결되고, 마치 각각의 이야기들이 하나의 커다란 이야기를 만드는 옴니버스 영화와 같은 구성을 가진다.

관계를 연결시키는 접속은 시인의 체험과 상황을 바탕으로 하여 하나의 정서와 느낌으로 가능하게 된다. 따라서 시간과 공간이 다를지라도 동일한 분위기를 넘겨받으면서 자연스럽게 하나의 맥락이 된다.

하이퍼시는 단순히 언어에서 언어로 변화되는 것이 아니다. 그 이면에는 기억의 환기가 중요하게 자리 잡고 있다. 이러한 하이퍼시의 건너뛰기는 무의식 속에 있는 자신의 경험, 기억의 환기와 함께 이루어지는 것이다. 그의 시에서 나타나는 기억은 프루스트가 말하고 있는 무자의적인 기억처럼, 이성과 의지의 조정에서 벗어나 예기치 않게 돌발적으로 떠오르는 기억이다. 이러한 기억의 이미지들은 하나가 아니라 여러 조각의 조합으로 이루어져 시를 완성한다.

우리가 알고 있다고 생각하는 기억은 과거에 경험한 사실의 단순한 재현이 아니라, 의식과 무의식의 차원과 연관되며, 과거와 현재가 혼합된 형태로 나타나게 된다. 과거는 현재를 내포하고 있는 과거인 것이다. 또한 인식 구조뿐만 아니라 우리의 신체의 기억으로 남기도 한다. 따라서 기억의 재현 양상은 편집을 통해 변형과 굴곡을 가지게 되고, 시인마다 독특한 개성으로 각기 달리 나타나게 된다.

고종목의 시는 종이 위에 가상세계를 만들어낸다. 종이 위에서 이질적인 언어들의 우연적인 만남은 '지향대상(작품의 바깥에 있는 현실의 어떤 세계나 사물)을 시뮬레이트해서, 즉 허구적으로 구성해서 우리에게 보고 듣게 해주는 것과 같이, 가상현실을 창조하고 흔히 우리가 이미지라고 부르고 있는 그런 세계를 우리에게 체험하도록 해준다.'

'나' 를 찾아가는 과정으로서의 시

모든 문학이 개인 역사의 기억 형태이고, 시인이 나열하는 수많은 기억들은 단순한 과거의 나열이 아니라 글을 쓰는 순간 스스로가 '나' 를 찾아가는 과정으로서 기억의 재현이다. 따라서 작품 속 재현이 기억에 기반을 두고 있지만, 기억은 단지 과거만으로 이루어지는 것이 아니라 추억과 회상을 통한 과거의 현재화이며 과거 경험의 환기인 것이다.

잠재적인 공간에서 변형, 표현작업으로 나타나는 언어의 해체 속에서 그의 존재는 이루어진다. 그가 존재의 방식을 찾는 일은 확정되지 않은 과정의 방식으로 있는 것이다. 그래서 시어들이 계속 만나고, 차이 속에서 반복된다. 언어란 고정된 것이 아니라 연속적으로 시점이 변화되면서 형성되는 과정이다. '나' 의 존재 역시 그러하다.

모든 것이 해체되어 다시 조립되는 상황에서 나는 어디에 존재하는가? 그는 시집에서 계속 '지금 나는 어데 있지?' (「길 위에서」)하고 묻거나, 인생의 길을 돌아보면서 '내 길의 끝은 어디일까?' (「물음표 하나」)하고 묻는다.

> 양말의 구멍 속으로 내가 걸어 들어간다
> 검정 양말의 검은 구멍 회색 양말의 회색 구멍,
>
> 막 자정을 넘어서 양말 구멍으로 들어가면, 두 발이 침대 위에 놓

여 있고 두 개의 유방이 탱탱하고, 벽에 걸린 벽시계바늘의 시침 분침이 한 바퀴씩 돌 때마다 재깍재깍 짝을 짓는다

양말 속에 알전구를 넣고 구멍을 깁는 어머니가
얽어매고 찍어매고…
눈 내리는 새벽 30촉 불 밝히고
"애야, 젖은 양말 신으면 동상 걸릴라"

양말 속에서 어머니의 꺼칠한 목소리가 들린다

—「양말구멍 사진기」

나는 지금의 '나' 라는 실체를 가지지만, '나' 는 태어나면서 지금까지, 그리고 마지막 순간까지 '나' 이다. 따라서 나는 과거의 나와 현재의 나, 그리고 미래의 '나' 가 겹쳐져 완성하게 된다. 때문에 '나' 를 찾아가는 과정에서 중요한 것은 과거의 '나' 를 찾아가는 일, 그렇기 때문에 시인은 과거로의 건너뛰기를 이행한다. 그리고 그 과거의 나를 찾아가다보면, 어머니로 이어진다. 시인의 삶이 곧 바느질이라면, 바느질은 또 어머니의 삶과 연계된다. 즉, 나의 삶은 곧 어머니의 삶이다.

시에서 연상적 기억을 촉발하는 것이 바로 바느질이다. 바느질은 그의 삶 자체이면서, 세상을 바라보는 눈이다. 또한 그를 먼 기억으로 데려다주는, 시인이 현실의 한계를 뛰어넘게 하는

기억의 증폭 기제의 역할도 한다. 시인의 잠재의식 속에는 항상 어머니가 있고, 자신의 근원은 어머니로 환원된다.

소리가 돌아간다

오르간표 미싱바늘 땀에 걸려 올라오는

앞소리를 뒷소리가 받아 넘긴다

실뿌리 뻗어가는 땅의 숨소리

노랑부리새가 하늘의 음계를 두드리는 소리

엄마와 눈 맞추는 아기의 심장 뛰는 소리

배치그리한 젖비린내에 살 오르는 소리

삼월, 바람타고 돌아오는 연분홍 메아리

매화꽃 탕-탕-탕- 터트린다

총소리가 그네를 탄다

인도의 간디가 물레를 돌린다

—「소리」 전문

바늘과 시인의 몸은 따로 분리되어 있지 않은 한 몸이며, 바늘구멍은 그의 눈이 되어 보이지 않는 사물을 보게 하고, 바늘귀는 그의 귀가 되어 들리지 않는 미세하게 떨리는 소리까지 잡아내는 안테나와 같다.

물리적 시력이 낮아 바늘구멍이 잘 보이지 않는데도 수십 년 동안의 경험으로 시인은 구멍을 보지 않고도 손끝의 느낌으로 바늘귀에 실을 꿰고, 소리만으로 미싱을 돌린다. 시인의 감각은 이제 눈에서 소리와 촉각으로 대체된다. 경험이 바느질을 하고, 시를 쓰는 것이다.

그에게 있어 바느질이 시를 쓰는 일이고, 시 쓰는 일이 바느질이다. 바늘이 그이고, 그가 바늘이다. 바느질과 시 쓰기의 경계를 허물면서 시인은 전통적인 형이상학적 사유방식에서 강조되었던 자기중심성을 해체하고, 전통적 사유와 개념의 사유까지 전복한다. 바느질은 시 쓰기의 작업을 넘어서 도를 닦는 과정이자 경지에 이르는 길이다. 이런 시 쓰기 작업은 '나'를 찾기 위한 자아에 대한 끊임없는 응시의 작업이다.

고 종 목

강원 평창 출생
1996년 시집 「성마령의 바람 둥지」로 시작 활동
1998년 「곤드레 아라리」
2000년 「바늘과 실 그리고 나」
2005년 「바늘 구멍」
2011년 「바늘의 언어」
2007년 「시와 조각보의 만남」 개인전
2007년 「시와 조각보의 만남」 초대전
시류동인

HP : 010-2523-7929
E-mail : mokpoet@hanmail.net